Programación Concurrente y Tiempo Real

Tercera Edición

Programación Concurrente y Tiempo Real

Tercera Edición

David Vallejo Fernández
Carlos González Morcillo
Javier A. Albusac Jiménez

Título: Programación Concurrente y Tiempo Real
Edición: 3ª Edición - Enero 2016
Autores: David Vallejo Fernández, Carlos González
              Morcillo y Javier A. Albusac Jiménez
ISBN: 978-1518608261
Edita: David Vallejo Fernández

Printed by CreateSpace, an Amazon.com company
Available from Amazon.com and other online stores

Este libro fue compuesto con LaTeX a partir de una plantilla de Carlos
González Morcillo y David Villa Alises.

Creative Commons License: Usted es libre de copiar, distribuir y comunicar públicamente la obra, bajo
las condiciones siguientes: 1. Reconocimiento. Debe reconocer los créditos de la obra de la manera
especificada por el autor o el licenciador. 2. No comercial. No puede utilizar esta obra para fines
comerciales. 3. Sin obras derivadas. No se puede alterar, transformar o generar una obra derivada a
partir de esta obra. Más información en: http://creativecommons.org/licenses/by-nc-nd/3.0/

Prefacio

La evolución en el mercado de los procesadores y de los sistemas de procesamiento en general gira en torno a la integración de más unidades físicas de procesamiento que permitan ejecutar una mayor cantidad de tareas de manera simultánea. Una de las principales consecuencias de este planteamiento, desde el punto de vista de la programación, es la necesidad de utilizar herramientas que permitan gestionar adecuadamente el acceso concurrente a recursos y datos por parte de distintos procesos o hilos de ejecución, entre otros aspectos.

Este libro pretende ser una contribución, desde una perspectiva principalmente práctica, al diseño y desarrollo de sistemas concurrentes, haciendo especial hincapié en las herramientas que un programador puede utilizar para llevar a cabo dicha tarea. Así mismo, en este libro se introduce la importancia de estos aspectos en el ámbito de los sistemas de tiempo real.

Sobre este libro

Este libro discute los principales contenidos teóricos y prácticos de la asignatura *Programación Concurrente y Tiempo Real*, impartida en el segundo curso del *Grado en Ingeniería Informática* de la Escuela Superior de Informática de Ciudad Real (Universidad de Castilla-La Mancha). Puede obtener más información sobre la asignatura, código fuente de los ejemplos, prácticas de laboratorio y exámenes en la web de la misma: http://www.libropctr.com.

La versión electrónica de este libro puede descargarse desde la web anterior. La tercera edición, actualizada y revisada para corregir erratas, del libro «físico» puede adquirirse desde Amazon en http://www.amazon.es/.

Lectores destinatarios

Este libro está especialmente pensado para estudiantes de segundo o tercer curso de titulaciones de Ingeniería en Informática, como por ejemplo *Grado en Ingeniería Informática*. Se asume que el lector tiene conocimientos de Programación (particularmente en algún lenguaje de programación de sistemas como C) y Sistemas Operativos. El material que compone el presente libro ha sido desarrollado por profesores vinculados durante años a aspectos relacionados con la Programación, los Sistemas Operativos y los Sistemas Distribuidos.

Programas y código fuente

El código fuente de los ejemplos del libro puede descargarse en la siguiente página web: `http://www.libropctr.com`. Salvo que se especifique explícitamente otra licencia, todos los ejemplos del libro se distribuyen bajo GPLv3.

Agradecimientos

Los autores del libro quieren dar las gracias a los profesores Carlos Villarrubia Jiménez, Eduardo Domínguez Parra, Miguel Ángel Redondo Duque por su excepcional soporte en cualquier cuestión relacionada con el mundo de los Sistemas Operativos, particularmente en la generación de una imagen de sistema operativo especialmente modificada para la parte práctica de la asignatura *Programación Concurrente y Tiempo Real*. Este agradecimiento se hace extensivo al profesor Félix Jesús Villanueva Molina y Xerach Peña Ferrera por su soporte en la parte de Sistemas de Tiempo Real.

Gracias a Alba Baeza Pinés por la revisión gramatical y ortográfica del presente documento.

Finalmente, nuestro agradecimiento a la Escuela de Informática de Ciudad Real y al Departamento de Tecnologías y Sistemas de Información de la Universidad de Castilla-La Mancha.

Autores

David Vallejo (2009, Doctor Europeo en Informática, Universidad de Castilla-La Mancha) es Profesor Ayudante Doctor e imparte docencia en la Escuela de Informática de Ciudad Real (UCLM) en asignaturas relacionadas con Informática Gráfica, Programación y Sistemas Operativos desde 2007. Actualmente, su actividad investigadora gira en torno a la Vigilancia Inteligente, los Sistemas Multi-Agente y el Rendering Distribuido.

Carlos González (2007, Doctor Europeo en Informática, Universidad de Castilla-La Mancha) es Profesor Titular de Universidad e imparte docencia en la Escuela de Informática de Ciudad Real (UCLM) en asignaturas relacionadas con Informática Gráfica, Síntesis de Imagen Realista y Sistemas Operativos desde 2002. Actualmente, su actividad investigadora gira en torno a los Sistemas Multi-Agente, el Rendering Distribuido y la Realidad Aumentada.

Javier Albusac (2009, Doctor Europeo en Informática, Universidad de Castilla-La Mancha) es Profesor Ayudante Doctor e imparte docencia en la Escuela de Ingeniería Minera e Industrial de Almadén (EIMIA) en las asignaturas de Informática, Ofimática Aplicada a la Ingeniería y Sistemas de Comunicación en Edificios desde 2007. Actualmente, su actividad investigadora gira en torno a la Vigilancia Inteligente, Robótica Móvil y Aprendizaje Automático.

Resumen

Este libro recoge los aspectos fundamentales, desde una perspectiva esencialmente práctica y en el ámbito de los sistemas operativos, de *Programación Concurrente y de Tiempo Real*, asignatura obligatoria en el segundo curso del Grado en Ingeniería en Informática en la Escuela Superior de Informática (Universidad de Castilla-La Mancha). El principal objetivo que se pretende alcanzar es ofrecer al lector una visión general de las herramientas existentes para una adecuada programación de sistemas concurrentes y de los principales aspectos de la planificación de sistemas en tiempo real.

La evolución de los sistemas operativos modernos y el hardware de procesamiento, esencialmente multi-núcleo, hace especialmente relevante la adquisición de competencias relativas a la programación concurrente y a la sincronización y comunicación entre procesos, para incrementar la productividad de las aplicaciones desarrolladas. En este contexto, el presente libro discute herramientas clásicas, como los semáforos y las colas de mensajes, y alternativas más flexibles, como los monitores o los objetos protegidos. Desde el punto de vista de la implementación se hace uso de la familia de estándares POSIX y de los lenguajes de programación C, C++ y Ada.

Por otra parte, en este libro también se discuten los fundamentos de la planificación de sistemas en tiempo real con el objetivo de poner de manifiesto su importancia en el ámbito de los sistemas críticos. Conceptos como el *tiempo de respuesta* o el *deadline* de una tarea son esenciales para la programación de sistemas en tiempo real.

Abstract

This book addresses, from a practical point of view and within the context of Operating Systems, the basics of *Concurrent and Real-Time Programming*, a mandatory course taught in the second course of the studies in Computer Science at the Faculty of Computing (University of Castilla-La Mancha). The main goal of this book is to provide a general overview of the existing tools that can be used to tackle concurrent programming and to deal with real-time systems scheduling.

Both the evolution of operating systems and processing hardware, especially multicore processors, make the acquisition of concurrent programming-related competences essential in order to increase the performance of the developed applications. Within this context, this book describes in detail traditional tools, such as semaphores or message queues, and more flexible solutions, such as monitors or protected objects. From the implementation point of view, the POSIX family of standards and the programming languages C, C++ and Ada are employed.

On the other hand, this book also discusses the basics of real-time systems scheduling so that the reader can appreciate the importance of this topic and how it affects to the design of critical systems. Concepts such as *response time* and *deadline* are essential to understand real-time systems programming.

Índice general

1. Conceptos Básicos   **1**

  1.1. Concepto de Proceso 2

    1.1.1. Gestión básica de procesos 2

    1.1.2. Primitivas básicas en POSIX 3

    1.1.3. Procesos e hilos 11

  1.2. Fundamentos de P. Concurrente 14

    1.2.1. El problema del productor/consumidor 15

    1.2.2. La sección crítica 15

    1.2.3. Mecanismos básicos de sincronización 21

    1.2.4. Interbloqueos y tratamiento del *deadlock* 27

  1.3. Fundamentos de T. Real 36

    1.3.1. ¿Qué es un sistema de tiempo real? 37

    1.3.2. Herramientas para sistemas de tiempo real 39

2. Semáforos y Memoria Compartida   **41**

  2.1. Conceptos Básicos 42

  2.2. Implementación 45

    2.2.1. Semáforos 45

    2.2.2. Memoria compartida 47

  2.3. Problemas Clásicos 50

    2.3.1. El buffer limitado 50

    2.3.2. Lectores y escritores 53

    2.3.3. Los filósofos comensales 57

2.3.4. El puente de un solo carril 61

2.3.5. El barbero dormilón 63

2.3.6. Los caníbales comensales 66

2.3.7. El problema de Santa Claus 68

3. Paso de Mensajes   **73**

3.1. Conceptos Básicos 73

3.1.1. El concepto de buzón o cola de mensajes 75

3.1.2. Aspectos de diseño en sistemas de mensajes 75

3.1.3. El problema de la sección crítica 78

3.2. Implementación 79

3.2.1. El problema del bloqueo 85

3.3. Problemas Clásicos 87

3.3.1. El buffer limitado 88

3.3.2. Los filósofos comensales 88

3.3.3. Los fumadores de cigarrillos 90

3.3.4. Simulación de un sistema de codificación 92

4. Otros Mecanismos de Sincronización   **95**

4.1. Motivación 96

4.2. Concurrencia en Ada 95 97

4.2.1. Tareas y sincronización básica 98

4.2.2. Los objetos protegidos 103

4.3. El concepto de monitor 109

4.3.1. Monitores en POSIX 111

4.4. Consideraciones finales 116

5. Planificación en Sistemas de Tiempo Real   **117**

5.1. Introducción 117

5.2. El concepto de *tiempo real* 118

5.2.1. Mecanismos de representación 119

5.2.2. Control de requisitos temporales 124

5.3. Esquemas de planificación 126

5.3.1. Modelo simple de tareas 128

5.3.2. El ejecutivo cíclico 128

5.3.3. Planificación basada en procesos 131

5.4. Aspectos relevantes de un planificador 132

    5.4.1. Sistema de asignación de prioridades 132

    5.4.2. Modelo de análisis del tiempo de respuesta 133

    5.4.3. Extendiendo el modelo simple de tareas 139

    5.4.4. Consideraciones finales 150

A. El puente de un solo carril   **151**

    A.1. Enunciado 151

    A.2. Código fuente 152

B. Filósofos comensales   **159**

    B.1. Enunciado 159

    B.2. Código fuente 160

C. La biblioteca de hilos de ICE   **165**

    C.1. Fundamentos básicos 165

    C.2. Manejo de hilos 166

    C.3. Exclusión mutua básica 170

    C.3.1. Evitando interbloqueos 172

    C.3.2. Flexibilizando el concepto de *mutex* 174

    C.4. Introduciendo monitores 174

    C.4.1. Ejemplo de uso de monitores 176

Capítulo **1**

Conceptos Básicos

E n este capítulo se plantean los aspectos básicos relativos al **concepto de proceso**, estableciendo las principales diferencias con respecto a una hebra o hilo y haciendo especial hincapié en su creación y gestión mediante primitivas POSIX. Así mismo, también se establece un marco general para el estudio de los fundamentos de programación concurrente. Estos aspectos se discutirán con más detalle en sucesivos temas.

La problemática que se pretende abordar mediante el estudio de la programación concurrente está vinculada al concepto de **sistema operativo multiproceso,** donde los procesos comparten todo tipo de recursos, desde la CPU hasta una impresora. Este planteamiento mejora la eficiencia del sistema, pero plantea la cuestión de la **sincronización** en el acceso a los recursos. Típicamente, esta problemática no se resuelve a nivel de sistema operativo, siendo responsabilidad del programador el garantizar un acceso consistente a los recursos.

Comunicando procesos

Los procesos necesitan algún tipo de mecanismo explícito tanto para compartir información como para sincronizarse. El hecho de que se ejecuten en una misma máquina física no implica que los recursos se compartan de manera implícita sin problemas.

Este planteamiento general se introduce mediante el problema clásico del productor/consumidor, haciendo hincapié en la necesidad de compartir un buffer, y da lugar al concepto de **sección crítica**. Entre las soluciones planteadas, destaca el uso de los **semáforos** y el **paso de mensajes** como mecanismos clásicos de sincronización.

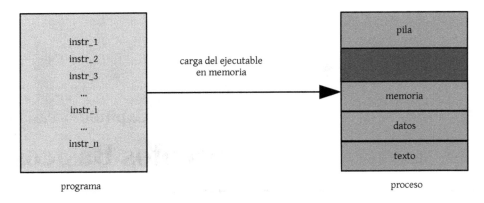

Figura 1.1: Esquema gráfico de un programa y un proceso.

1.1. El concepto de proceso

Informalmente, un proceso se puede definir como un **programa en ejecución**. Además del propio código al que está vinculado, un proceso incluye el valor de un contador de programa y el contenido de ciertos registros del procesador. Generalmente, un proceso también incluye la pila del proceso, utilizada para almacenar datos temporales, como variables locales, direcciones de retorno y parámetros de funciones, y una sección de datos con variables globales. Finalmente, un proceso también puede tener una sección de memoria reservada de manera dinámica. La figura 1.1 muestra la estructura general de un proceso.

1.1.1. Gestión básica de procesos

A medida que un proceso se ejecuta, éste va cambiando de un estado a otro. Cada **estado** se define en base a la actividad desarrollada por un proceso en un instante de tiempo determinado. Un proceso puede estar en uno de los siguientes estados (ver figura 1.2):

- **Nuevo**, donde el proceso está siendo creado.

- **En ejecución**, donde el proceso está ejecutando operaciones o instrucciones.

- **En espera**, donde el proceso está a la espera de que se produzca un determinado evento, típicamente la finalización de una operación de E/S.

- **Preparado**, donde el proceso está a la espera de que le asignen alguna unidad de procesamiento.

- **Terminado**, donde el proceso ya ha finalizado su ejecución.

En UNIX, los procesos se identifican mediante un entero único denominado **ID del proceso**. El proceso encargado de ejecutar la solicitud para crear un proceso se denomina *proceso padre*, mientras que el nuevo proceso se denomina *proceso hijo*. Las primitivas POSIX utilizadas para obtener dichos identificadores son las siguientes:

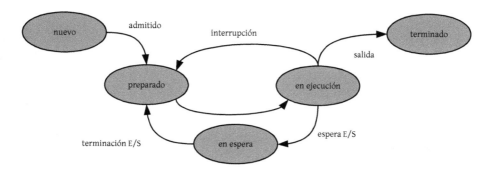

Figura 1.2: Diagrama general de los estados de un proceso.

Listado 1.1: Primitivas POSIX ID Proceso

```
1  #include <sys/types.h>
2  #include <unistd.h>
3
4  pid_t getpid  (void); // ID proceso.
5  pid_t getppid (void); // ID proceso padre.
6
7  uid_t getuid  (void); // ID usuario.
8  uid_t geteuid (void); // ID usuario efectivo.
```

Las primitivas *getpid()* y *getppid()* se utilizan para obtener los identificadores de un proceso, ya sea el suyo propio o el de su padre.

Recuerde que UNIX asocia cada proceso con un usuario en particular, comúnmente denominado *propietario del proceso*. Al igual que ocurre con los procesos, cada usuario tiene asociado un ID único dentro del sistema, conocido como **ID del usuario**.

Proceso init

En sistemas UNIX y tipo UNIX, *init* (*initialization*) es el primer proceso en ejecución, con PID 1, y es el responsable de la creación del resto de procesos.

Para obtener este ID se hace uso de la primitiva *getuid()*. Debido a que el ID de un usuario puede cambiar con la ejecución de un proceso, es posible utilizar la primitiva *geteuid()* para obtener el ID del *usuario efectivo*.

1.1.2. Primitivas básicas en POSIX

La creación de procesos en UNIX se realiza mediante la llamada al sistema **fork()**. Básicamente, cuando un proceso realiza una llamada a *fork()* se genera una **copia exacta** que deriva en un nuevo proceso, el *proceso hijo*, que recibe una copia del espacio de direcciones del proceso padre. A partir de ese momento, ambos procesos continúan su ejecución en la instrucción que está justo después de *fork()*. La figura 1.3 muestra de manera gráfica las implicaciones derivadas de la ejecución de *fork()* para la creación de un nuevo proceso.

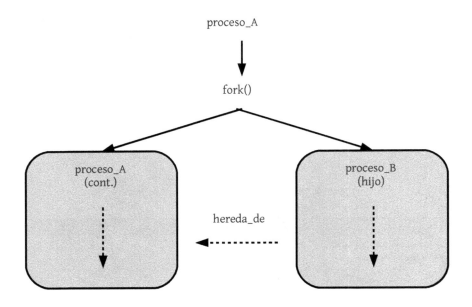

Figura 1.3: Creación de un proceso mediante fork().

Listado 1.2: La llamada fork() al sistema

```
1  #include <sys/types.h>
2  #include <unistd.h>
3
4  pid_t fork (void);
```

Independencia

Los procesos son independientes entre sí, por lo que no tienen mecanismos implícitos para compartir información y sincronizarse. Incluso con la llamada *fork()*, los procesos padre e hijo son totalmente independientes.

Recuerde que *fork()* devuelve el valor 0 al hijo y el PID del hijo al padre. Dicho valor permite distinguir entre el código del proceso padre y del hijo, para asignar un nuevo fragmento de código. En otro caso, la creación de dos procesos totalmente idénticos no sería muy útil.

 fork() devuelve 0 al proceso hijo y el PID del hijo al padre.

El listado de código 1.3 muestra un ejemplo muy básico de utilización de *fork()* para la creación de un nuevo proceso. No olvide que el proceso hijo recibe una copia exacta del espacio de direcciones del proceso padre.

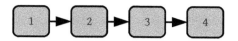

Figura 1.4: Cadena de procesos generada por el listado de código anexo.

Listado 1.3: Uso básico de fork()

```
1  #include <sys/types.h>
2  #include <unistd.h>
3  #include <stdlib.h>
4  #include <stdio.h>
5
6  int main (void) {
7    int *valor = malloc(sizeof(int));
8    *valor = 0;
9    fork();
10   *valor = 13;
11   printf("%ld: %d\n", (long)getpid(), *valor);
12
13   free(valor);
14   return 0;
15 }
```

La salida de este programa sería la siguiente[1]:

```
13243: 13
13244: 13
```

 ¿Cómo distinguiría el código del proceso hijo y el del padre?

Después de la ejecución de *fork()*, existen dos procesos y cada uno de ellos mantiene una copia de la variable *valor*. Antes de su ejecución, solamente existía un proceso y una única copia de dicha variable. Note que no es posible distinguir entre el proceso padre y el hijo, ya que no se controló el valor devuelto por *fork()*.

Típicamente será necesario crear un número arbitrario de procesos, por lo que el uso de *fork()* estará ligado al de algún tipo de estructura de control, como por ejemplo un bucle *for*. Por ejemplo, el siguiente listado de código genera una cadena de procesos, tal y como se refleja de manera gráfica en la figura 1.4. Para ello, es necesario asegurarse de que el proceso generado por una llamada a *fork()*, es decir, el proceso hijo, sea el responsable de crear un nuevo proceso.

Anteriormente se comentó que era necesario utilizar el valor devuelto por *fork()* para poder asignar un código distinto al proceso padre y al hijo, respectivamente, después de realizar dicha llamada. El uso de *fork()* por sí solo es muy poco flexible y generaría una gran cantidad de código duplicado y de estructuras *if-then-else* para distinguir entre el proceso padre y el hijo.

---

[1]El valor de los ID de los procesos puede variar de una ejecución a otra.

Idealmente, sería necesario algún tipo de mecanismo que posibilitara asignar un nuevo módulo ejecutable a un proceso después de su creación. Este mecanismo es precisamente el esquema en el que se basa la familia **exec** de llamadas al sistema. Para ello, la forma de combinar *fork()* y alguna primitiva de la familia *exec* se basa en permitir que el proceso hijo ejecute *exec* para el nuevo código, mientras que el padre continúa con su flujo de ejecución normal. La figura 1.5 muestra de manera gráfica dicho esquema.

Listado 1.4: Creación de una cadena de procesos

```
 1  #include <sys/types.h>
 2  #include <unistd.h>
 3  #include <stdio.h>
 4
 5  int main (void) {
 6    int i = 1, n = 4;
 7    pid_t childpid;
 8
 9    for (i = 1; i < n; i++) {
10      childpid = fork();
11      if (childpid > 0) { // Código del padre.
12        break;
13      }
14    }
15
16    // ¿PID == 1?
17    printf("Proceso %ld con padre %ld\n", (long)getpid(), (long)getppid());
18
19    pause();
20
21    return 0;
22  }
```

El uso de operaciones del tipo *exec* implica que el proceso padre tenga que integrar algún tipo de mecanismo de espera para la correcta finalización de los procesos que creó con anterioridad, además de llevar a cabo algún tipo de liberación de recursos. Esta problemática se discutirá más adelante. Antes, se estudiará un ejemplo concreto y se comentarán las principales diferencias existentes entre las operaciones de la familia *exec*, las cuales se muestran en el listado de código 1.5.

Listado 1.5: Familia de llamadas exec

```
 1  #include <unistd.h>
 2
 3  int execl  (const char *path, const char *arg, ...);
 4  int execlp (const char *file, const char *arg, ...);
 5  int execle (const char *path, const char *arg, ..., char *const envp[]);
 6
 7  int execv  (const char *path, char *const argv[]);
 8  int execvp (const char *file, char *const argv[]);
 9  int execve (const char *path, char *const argv[], char *const envp[]);
```

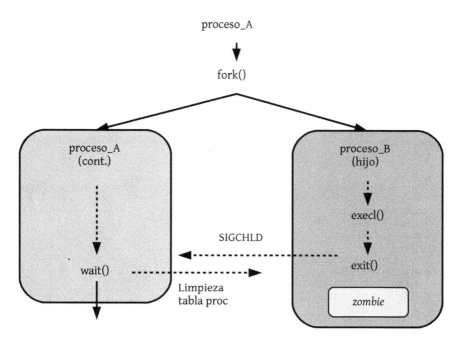

Figura 1.5: Esquema gráfico de la combinación *fork( )* + *exec( )*.

La llamada al sistema *execl()* tiene los siguientes parámetros:

1. La **ruta** al archivo que contiene el código binario a ejecutar por el proceso, es decir, el ejecutable asociado al nuevo segmento de código.

2. Una serie de **argumentos de línea de comandos**, terminado por un apuntador a NULL. El nombre del programa asociado al proceso que ejecuta *execl* suele ser el primer argumento de esta serie.

La llamada *execlp* tiene los mismos parámetros que *execl*, pero hace uso de la variable de entorno PATH para buscar el ejecutable del proceso. Por otra parte, *execle* es también similar a *execl*, pero añade un parámetro adicional que representa el nuevo ambiente del programa a ejecutar. Finalmente, las llamadas *execv* difieren en la forma de pasar los argumentos de línea de comandos, ya que hacen uso de una sintaxis basada en arrays.

El listado 1.6 muestra la estructura de un programa encargado de la creación de una serie de procesos mediante la combinación de *fork( )* y *execl( )* dentro de una estructura de bucle.

Como se puede apreciar, el programa recoge por línea de órdenes el número de procesos que se crearán posteriormente[2]. Note cómo se hace uso de una estructura condicional para diferenciar entre el código asociado al proceso padre y al proceso hijo. Para ello, el valor devuelto por *fork( )*, almacenado en la variable *childpid*, actúa de discriminante.

---

[2]Por simplificación no se lleva a cabo un control de errores

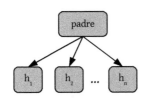

Figura 1.6: Representación gráfica de la creación de varios procesos hijo a partir de uno padre.

En el *case* 0 de la sentencia *switch* (línea ⟨12⟩) se ejecuta el código del hijo. Recuerde que *fork()* devuelve 0 al proceso hijo, por lo que en ese caso habrá que asociar el código del proceso hijo. En este ejemplo, dicho código reside en una nueva unidad ejecutable, la cual se encuentra en el directorio *exec* y se denomina *hijo*. Esta información es la que se usa cuando se llama a *execl()*. Note cómo este nuevo proceso acepta por línea de órdenes el número de procesos creados (*argv[1]*), recogido previamente por el proceso padre (línea ⟨13⟩).

Listado 1.6: Uso de fork+exec

```
1   #include <sys/types.h>
2   #include <unistd.h>
3   #include <stdlib.h>
4   #include <stdio.h>
5
6   int main (int argc, char *argv[]) {
7     pid_t childpid;
8     int n = atoi(argv[1]), i;
9
10    for (i = 1; i <= n; i++) {
11      switch(childpid = fork()) {
12      case 0:  // Código del hijo.
13        execl("./exec/hijo", "hijo", argv[1], NULL);
14        break; // Para evitar entrar en el for.
15      }
16    }
17
18    // Se obvia la espera a los procesos
19    // y la captura de eventos de teclado.
20
21    return 0;
22  }
```

El nuevo código del proceso hijo es trivial y simplemente imprime el ID del proceso y el número de *hermanos* que tiene. Este tipo de esquemas, en los que se estructura el código del proceso padre y de los hijos en ficheros fuente independientes, será el que se utilice en los temas sucesivos.

Compilación

La compilación de los programas asociados al proceso padre y al hijo, respectivamente, es independiente. En otras palabras, serán objetivos distintos que generarán ejecutables distintos.

En este punto, resulta interesante preguntarse sobre lo que sucede con el proceso padre después de la creación de los procesos hijo. Hasta ahora se ha planteado que ambos siguen su ejecución desde la instrucción siguiente a *fork()*. Sin embargo, si un padre desea esperar a que su hijo termine, entonces ha de ejecutar una llamada explícita a *wait()* o alguna función similar. De este modo, todo queda perfectamente controlado por parte del programador.

Listado 1.7: Código del proceso hijo

```
1  #include <sys/types.h>
2  #include <unistd.h>
3  #include <stdlib.h>
4  #include <stdio.h>
5
6  void hijo (const char *num_hermanos);
7
8  int main (int argc, char *argv[]) {
9    hijo(argv[1]);
10   return 0;
11 }
12
13 void hijo (const char *num_hermanos) {
14   printf("Soy %ld y tengo %d hermanos!\n", (long)getpid(), atoi(num_hermanos) - 1);
15 }
```

La llamada *wait()* detiene el proceso que llama hasta que un hijo de dicho proceso finalice o se detenga, o hasta que el proceso que realizó dicha llamada reciba otra señal (como la de terminación). Por ejemplo, el estándar POSIX define SIGCHLD como la señal enviada a un proceso cuando su proceso hijo finaliza su ejecución.

Otra señal esencial está representada por SIGINT, enviada a un proceso cuando el usuario desea interrumpirlo. Está señal se representa típicamente mediante la combinación Ctrl+C desde el terminal que controla el proceso.

Listado 1.8: Primitivas POSIX wait

```
1  #include <sys/types.h>
2  #include <sys/wait.h>
3
4  pid_t wait (int *status);
5  pid_t waitpid (pid_t pid, int *status, int options);
6
7  // BSD style
8  pid_t wait3 (int *status, int options, struct rusage *rusage);
9  pid_t wait4 (pid_t pid, int *status, int options, struct rusage *rusage);
```

El listado 1.9 muestra la inclusión del código necesario para esperar de manera adecuada la finalización de los procesos hijo y gestionar la terminación abrupta del proceso padre mediante la combinación de teclas Ctrl+C.

Listado 1.9: Uso de fork+exec+wait

```
1  #include <signal.h>
2  #include <stdio.h>
3  #include <stdlib.h>
4  #include <sys/types.h>
5  #include <unistd.h>
6  #include <wait.h>
7
8  #define NUM_HIJOS 5
9
10 void finalizarprocesos ();
11 void controlador (int senhal);
12
13 pid_t pids[NUM_HIJOS];
14
15 int main (int argc, char *argv[]) {
16   int i;
17   char num_hijos_str[10];
18
19   if (signal(SIGINT, controlador) == SIG_ERR) {
20     fprintf(stderr, "Abrupt termination.\n");
21     exit(EXIT_FAILURE);
22   }
23
24   sprintf(num_hijos_str, "%d", NUM_HIJOS);
25   for (i = 0; i < NUM_HIJOS; i++) {
26     switch(pids[i] = fork()) {
27     case 0:  // Código del hijo.
28       execl("./exec/hijo", "hijo", num_hijos_str, NULL);
29       break; // Para evitar entrar en el for.
30     }
31   }
32   free(num_hijos_str);
33
34   // Espera terminación de hijos...
35   for (i = 0; i < NUM_HIJOS; i++) {
36     waitpid(pids[i], 0, 0);
37   }
38
39   return EXIT_SUCCESS;
40 }
41
42 void finalizarprocesos () {
43   int i;
44   printf ("\n-------------- Finalizacion de procesos ------------- \n");
45   for (i = 0; i < NUM_HIJOS; i++) {
46     if (pids[i]) {
47       printf ("Finalizando proceso [%d]... ", pids[i]);
48       kill(pids[i], SIGINT); printf("<Ok>\n");
49     }
50   }
51 }
52
53 void controlador (int senhal) {
54   printf("\nCtrl+c captured.\n"); printf("Terminating...\n\n");
55   // Liberar recursos...
56   finalizarprocesos(); exit(EXIT_SUCCESS);
57 }
```

En primer lugar, la espera a la terminación de los hijos se controla mediante las líneas (35-37) utilizando la primitiva *waitpid*. Esta primitiva se comporta de manera análoga a *wait*, aunque bloqueando al proceso que la ejecuta para esperar a otro proceso con un *pid* concreto. Note como previamente se ha utilizado un array auxiliar denominado *pids* (línea (13)) para almacenar el *pid* de todos y cada uno de los procesos hijos creados mediante *fork* (línea (26)). Así, sólo habrá que esperarlos después de haberlos lanzado.

Por otra parte, note cómo se captura la señal SIGINT, es decir, la terminación mediante *Ctrl+C*, mediante la función *signal* (línea (19)), la cual permite asociar la captura de una señal con una **función de retrollamada**. Ésta función definirá el código que se tendrá que ejecutar cuando se capture dicha señal. Básicamente, en esta última función, denominada *controlador*, se incluirá el código necesario para liberar los recursos previamente reservados, como por ejemplo la memoria dinámica, y para destruir los procesos hijo que no hayan finalizado.

Si *signal()* devuelve un código de error *SIG_ERR*, el programador es responsable de controlar dicha situación excepcional.

Listado 1.10: Primitiva POSIX signal

```
1  #include <signal.h>
2
3  typedef void (*sighandler_t)(int);
4
5  sighandler_t signal (int signum, sighandler_t handler);
```

1.1.3. Procesos e hilos

El modelo de proceso presentado hasta ahora se basa en un único flujo o hebra de ejecución. Sin embargo, los sistemas operativos modernos se basan en el principio de la **multiprogramación**, es decir, en la posibilidad de manejar distintas hebras o hilos de ejecución de manera simultánea con el objetivo de paralelizar el código e incrementar el rendimiento de la aplicación.

Sincronización

Conseguir que dos cosas ocurran al mismo tiempo se denomina comúnmente sincronización. En Informática, este concepto se asocia a las relaciones existentes entre eventos, como la serialización (A debe ocurrir antes que B) o la exclusión mutua (A y B no pueden ocurrir al mismo tiempo).

Esta idea también se plasma a nivel de lenguaje de programación. Algunos ejemplos representativos son los APIs de las bibliotecas de hilos *Pthread*, *Win32* o *Java*. Incluso existen bibliotecas de gestión de hilos que se enmarcan en capas software situadas sobre la capa del sistema operativo, con el objetivo de independizar el modelo de programación del propio sistema operativo subyacente.

En este contexto, una **hebra** o **hilo** se define como la unidad básica de utilización del procesador y está compuesto por los elementos:

- Un **ID de hebra**, similar al ID de proceso.

- Un **contador de programa**.

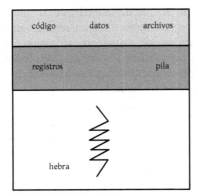 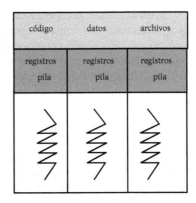

Figura 1.7: Esquema gráfico de los modelos monohilo y multihilo.

- Un conjunto de **registros**.

- Una **pila**.

Sin embargo, y **a diferencia de un proceso**, las hebras que pertenecen a un mismo proceso comparten la sección de código, la sección de datos y otros recursos proporcionados por el sistema operativo, como los manejadores de los archivos abiertos o las señales. Precisamente, esta diferencia con respecto a un proceso es lo que supone su principal ventaja.

Desde otro punto de vista, la idea de hilo surge de la posibilidad de compartir recursos y permitir el acceso concurrente a esos recursos. La unidad mínima de ejecución pasa a ser el hilo, asignable a un procesador. Los hilos tienen el mismo código de programa, pero cada uno recorre su propio camino con su PC, es decir, tiene su propia situación aunque dentro de un contexto de compartición de recursos.

Informalmente, un hilo se puede definir como un *proceso ligero* que tiene la misma funcionalidad que un *proceso pesado*, es decir, los mismos estados. Por ejemplo, si un hilo abre un fichero, éste estará disponible para el resto de hilos de una tarea.

En un procesador de textos, por ejemplo, es bastante común encontrar hilos para la gestión del teclado o la ejecución del corrector ortográficos, respetivamente. Otro ejemplo podría ser un servidor web que manejara hilos independientes para atender las distintas peticiones entrantes.

Las **ventajas de la programación multihilo** se pueden resumir en las tres siguientes:

- **Capacidad de respuesta**, ya que el uso de múltiples hilos proporciona un enfoque muy flexible. Así, es posible que un hilo se encuentra atendiendo una petición de E/S mientras otro continúa con la ejecución de otra funcionalidad distinta. Además, es posible plantear un esquema basado en el paralelismo no bloqueante en llamadas al sistema, es decir, un esquema basado en el bloqueo de un hilo a nivel individual.

- **Compartición de recursos**, posibilitando que varios hilos manejen el mismo espacio de direcciones.

- **Eficacia**, ya que tanto la creación, el cambio de contexto, la destrucción y la liberación de hilos es un orden de magnitud más rápida que en el caso de los procesos pesados. Recuerde que las operaciones más costosas implican el manejo de operaciones de E/S. Por otra parte, el uso de este tipo de programación en arquitecturas de varios procesadores (o núcleos) incrementa enormemente el rendimiento de la aplicación.

Caso de estudio. POSIX *Pthreads*

Pthreads es un estándar POSIX que define un **interfaz** para la creación y sincronización de hilos. Recuerde que se trata de una especificación y no de una implementación, siendo ésta última responsabilidad del sistema operativo.

El mánejo básico de hilos mediante *Pthreads* implica el uso de las primitivas de creación y de espera que se muestran en el listado 1.11. Como se puede apreciar, la llamada *pthread_create()* necesita una función que defina el código de ejecución asociado al propio hilo (definido en el tercer pará-

POSIX

Portable Operating System Interface es una familia de estándares definidos por el comité IEEE con el objetivo de mantener la portabilidad entre distintos sistemas operativos. La *X* de *POSIX* es una referencia a sistemas *Unix*.

metro). Por otra parte, *pthread_join()* tiene un propósito similar al ya estudiado en el caso de la llamada *wait()*, es decir, se utiliza para que la *hebra padre* espera a que la *hebra hijo* finalice su ejecución.

Listado 1.11: Primitivas POSIX Pthreads

```
1  #include <pthread.h>
2
3  int pthread_create (pthread_t *thread,
4                      const pthread_attr_t *attr,
5                      void *(*start_routine) (void *),
6                      void *arg);
7
8  int pthread_join   (pthread_t thread, void **retval);
```

El listado de código 1.12 muestra un ejemplo muy sencillo de uso de *Pthreads* en el que se crea un hilo adicional que tiene como objetivo realizar el sumatorio de todos los números inferiores o iguales a uno pasado como parámetro. La función *mi_hilo()* (líneas (27-37)) es la que realmente implementa la funcionalidad del hilo creado mediante *pthread_create()* (línea (19)). El resultado se almacena en una variable definida globalmente. Para llevar a cabo la compilación y ejecución de este ejemplo, es necesario enlazar con la biblioteca *pthreads*:

```
$ gcc -lpthread thread_simple.c -o thread_simple
$ ./thread_simple <valor>
```

El resultado de la ejecución de este programa para un valor, dado por línea de órdenes, de 7 será el siguiente:

```
$ Suma total: 28.
```

Listado 1.12: Ejemplo de uso de Pthreads

```
 1  #include <pthread.h>
 2  #include <stdio.h>
 3  #include <stdlib.h>
 4
 5  int suma;
 6  void *mi_hilo (void *valor);
 7
 8  int main (int argc, char *argv[]) {
 9    pthread_t tid;
10    pthread_attr_t attr;
11
12    if (argc != 2) {
13      fprintf(stderr, "Uso: ./pthread <entero>\n");
14      return -1;
15    }
16
17    pthread_attr_init(&attr); // Att predeterminados.
18    // Crear el nuevo hilo.
19    pthread_create(&tid, &attr, mi_hilo, argv[1]);
20    pthread_join(tid, NULL);  // Esperar finalización.
21
22    printf("Suma total: %d.\n", suma);
23
24    return 0;
25  }
26
27  void *mi_hilo (void *valor) {
28    int i, ls;
29    ls = atoi(valor);
30    i = 0, suma = 0;
31
32    while (i <= ls) {
33      suma += (i++);
34    }
35
36    pthread_exit(0);
37  }
```

1.2. Fundamentos de programación concurrente

Un **proceso cooperativo** es un proceso que puede verse afectado por otros procesos que se estén ejecutando. Estos procesos pueden compartir únicamente datos, intercambiados mediante algún mecanismo de envío de mensajes o mediante el uso de archivos, o pueden compartir datos y código, como ocurre con los hilos o procesos ligeros.

En cualquier caso, el acceso concurrente a datos compartidos puede generar **inconsistencias** si no se usa algún tipo de esquema que garantice la coherencia de los mismos. A continuación, se discute esta problemática y se plantean brevemente algunas soluciones, las cuales se estudiarán con más detalle en sucesivos capítulos.

1.2.1. El problema del productor/consumidor

Considere un buffer de tamaño limitado que se comparte por un proceso productor y otro proceso consumidor. Mientras el primero añade elementos al espacio de almacenamiento compartido, el segundo los consume. Evidentemente, el acceso concurrente a este buffer puede generar incosistencias de dichos datos a la hora de, por ejemplo, modificar los elementos contenidos en el mismo.

Suponga que también se mantiene una variable *cont* que se incrementa cada vez que se añade un elemento al buffer y se decrementa cuando se elimina un elemento del mismo. Este esquema posibilita manejar *buffer_size* elementos, en lugar de uno menos si dicha problemática se controla con dos variables *in* y *out*.

Multiprocesamiento

Recuerde que en los SSOO actuales, un único procesador es capaz de ejecutar múltiples hilos de manera simultánea. Si el computador es paralelo, entonces existirán múltiples núcleos físicos ejecutando código en paralelo.

Aunque el código del productor y del consumidor es correcto de manera independiente, puede que no funcione correctamente al ejecutarse de manera simultánea. Por ejemplo, la **ejecución concurrente** de las operaciones de incremento y decremento del contador pueden generar inconsistencias, tal y como se aprecia en la figura 1.8, en la cual se desglosan dichas operaciones en instrucciones máquina. En dicha figura, el código de bajo nivel asociado a incrementar y decrementar el contador inicializado a 5, genera un resultado inconsistente, ya que esta variable tendría un valor final de 4, en lugar de 5.

Este estado incorrecto se alcanza debido a que la manipulación de la variable contador se realiza de manera concurrente por dos procesos independientes sin que exista ningún mecanismos de sincronización. Este tipo de situación, en la que se produce un acceso concurrente a unos datos compartidos y el resultado de la ejecución depende del orden de las instrucciones, se denomina **condición de carrera**. Para evitar este tipo de situaciones se ha de garantizar que sólo un proceso pueda manipular los datos compartidos de manera simultánea, es decir, dichos procesos se han de sincronizar de algún modo.

Este tipo de situaciones se producen constantemente en el ámbito de los sistemas operativos, por lo que el uso de mecanismos de sincronización es crítico para evitar problemas potenciales.

1.2.2. La sección crítica

El segmento de código en el que un proceso puede modificar variables compartidas con otros procesos se denomina **sección crítica** (ver figura 1.9). Para evitar inconsistencias, una de las ideas que se plantean es que cuando un proceso está ejecutando su sección crítica ningún otro procesos puede ejecutar su sección crítica asociada.

El **problema de la sección crítica** consiste en diseñar algún tipo de solución para garantizar que los procesos involucrados puedan operar sin generar ningún tipo de inconsistencia. Una posible estructura para abordar esta problemática se plantea en la figura 1.9, en la que el código se divide en las siguientes secciones:

- **Sección de entrada**, en la que se solicita el acceso a la sección crítica.

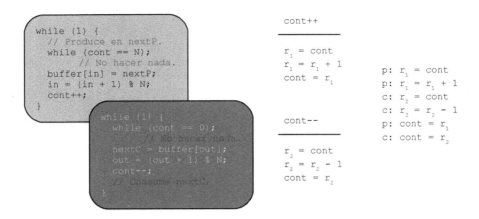

Figura 1.8: Código para los procesos productor y consumidor.

- **Sección crítica**, en la que se realiza la modificación efectiva de los datos compartidos.

- **Sección de salida**, en la que típicamente se hará explícita la salida de la sección crítica.

- **Sección restante**, que comprende el resto del código fuente.

Figura 1.9: Estructura general de un proceso.

Normalmente, la sección de entrada servirá para manipular algún tipo de mecanismo de sincronización que garantice el acceso exclusivo a la sección crítica de un proceso. Mientras tanto, la sección de salida servirá para notificar, mediante el mecanismo de sincronización correspondiente, la salida de la sección crítica. Este hecho, a su vez, permitirá que otro proceso pueda acceder a su sección crítica.

Cualquier solución al problema de la sección crítica ha de satisfacer los siguientes requisitos:

1. **Exclusión mutua**, de manera que si un proceso p_i está en su sección crítica, entonces ningún otro proceso puede ejecutar su sección crítica.

2. **Progreso**, de manera que sólo los procesos que no estén en su sección de salida, suponiendo que ningún proceso ejecutase su sección crítica, podrán participar en la decisión de quién es el siguiente en ejecutar su sección crítica. Además, la toma de esta decisión ha de realizarse en un tiempo limitado.

3. **Espera limitada**, de manera que existe un límite en el número de veces que se permite entrar a otros procesos a sus secciones críticas antes de que otro proceso haya solicitado entrar en su propia sección crítica (y antes de que le haya sido concedida).

Las soluciones propuestas deberían ser independientes del número de procesos, del orden en el que se ejecutan las instrucciones máquinas y de la velocidad relativa de ejecución de los procesos.

Una posible solución para N procesos sería la que se muestra en el listado de código 1.13. Sin embargo, esta solución no sería válida ya que no cumple el principio de **exclusión mutua**, debido a que un proceso podría entrar en la sección crítica si se produce un cambio de contexto justo después de la sentencia *while* (línea 5).

Listado 1.13: Solución deficiente para N procesos

```
 1  int cerrojo = 0;
 2
 3  do {
 4      // SECCIÓN DE ENTRADA
 5      while (cerrojo == 1); // No hacer nada.
 6      cerrojo = 1;
 7      // SECCIÓN CRÍTICA.
 8      // ...
 9      // SECCIÓN DE SALIDA.
10      cerrojo = 0;
11      // SECCIÓN RESTANTE.
12  }while (1);
```

Otro posible planteamiento para **dos procesos** se podría basar en un esquema de alternancia entre los mismos, modelado mediante una variable booleana *turn*, la cual indica qué proceso puede entrar en la sección crítica, es decir, si *turn* es igual a i, entonces el proceso p_i podrá entrar en su sección crítica ($j == (i - 1)$).

Listado 1.14: Solución 2 procesos mediante alternancia

```
 1  do {
 2      // SECCIÓN DE ENTRADA
 3      while (turn != i); // No hacer nada.
 4      // SECCIÓN CRÍTICA.
 5      // ...
 6      // SECCIÓN DE SALIDA.
 7      turn = j;
 8      // SECCIÓN RESTANTE.
 9  }while (1);
```

El problema de esta solución es que cuando p_j abandona la sección crítica y ha modificado *turn* a i, entonces no puede volver a entrar en ella porque primero tiene que entrar p_i. Éste proceso podría seguir ejecutando su sección restante, por lo que la **condición de progreso** no se cumple. Sin embargo, la exclusión mutua sí que se satisface.

Otra posible solución para la problemática de dos procesos podría consistir en hacer uso de un array de booleanos, originalmente inicializados a *false*, de manera que si $flag[i]$ es igual a *true*, entonces el proceso p_i está preparado para acceder a su sección crítica.

Aunque este planteamiento garantiza la exclusión mutua, no se satisface la **condición de progreso**. Por ejemplo, si p_0 establece su turno a *true* en la sección de entrada y, a continuación, hay un cambio de contexto, el proceso p_1 puede poner a *true* su turno de manera que ambos se queden bloqueados sin poder entrar en la sección crítica. En otras palabras, la decisión de quién entra en la sección crítica se pospone indefinidamente, violando la condición de progreso e impidiendo la evolución de los procesos.

Listado 1.15: Solución 2 procesos con array de booleanos

```
1  do {
2    // SECCIÓN DE ENTRADA
3    flag[i] = true;
4    while (flag[j]); // No hacer nada.
5    // SECCIÓN CRÍTICA.
6    // ...
7    // SECCIÓN DE SALIDA.
8    flag[i] = false;
9    // SECCIÓN RESTANTE.
10   }while (1);
```

 ¿Qué ocurre si se invierte el orden de las operaciones de la SE?

Listado 1.16: Solución 2 procesos con array de booleanos

```
1  do {
2    // SECCIÓN DE ENTRADA
3    while (flag[j]); // No hacer nada.
4    flag[i] = true;
5    // SECCIÓN CRÍTICA.
6    // SECCIÓN DE SALIDA.
7    flag[i] = false;
8    // SECCIÓN RESTANTE.
9    }while (1);
```

Esta solución no cumpliría con el principio de **exclusión mutua**, ya que los dos procesos podrían ejecutar su sección crítica de manera concurrente.

Solución de Peterson (2 procesos)

En este apartado se presenta una solución al problema de la sincronización de dos procesos que se basa en el algoritmo de Peterson, en honor a su inventor, y que fue planteado en 1981. La solución de Peterson se aplica a dos procesos que van alternando la ejecución de sus respectivas secciones críticas y restantes. Dicha solución es una mezcla de las dos soluciones propuestas anteriormente.

Los dos procesos comparten tanto el array *flag*, que determina los procesos que están listos para acceder a la sección crítica, como la variable *turn*, que sirve para determinar el proceso que accederá a su sección crítica. Esta **solución es correcta** para dos procesos, ya que satisface las tres condiciones anteriormente mencionadas.

Para entrar en la sección crítica, el proceso p_i asigna *true* a *flag[i]* y luego asigna a *turn* el valor j, de manera que si el proceso p_j desea entrar en su sección crítica, entonces puede hacerlo. Si los dos procesos intentan acceder al mismo tiempo, a la variable *turn* se le asignarán los valores i y j (o viceversa) en un espacio de tiempo muy corto, pero sólo prevalecerá una de las asignaciones (la otra se sobreescribirá). Este valor determinará qué proceso accederá a la sección crítica.

Listado 1.17: Solución 2 procesos: algoritmo de Peterson

```
1  do {
2     // SECCIÓN DE ENTRADA
3     flag[i] = true;
4     turn = j;
5     while (flag[j] && turn == j); // No hacer nada.
6     // SECCIÓN CRÍTICA.
7     // ...
8     // SECCIÓN DE SALIDA.
9     flag[i] = false;
10    // SECCIÓN RESTANTE.
11  }while (1);
```

A continuación se demuestra que si p_1 está en su sección crítica, entonces p_2 no está en la suya.

```
1. p1 en SC                                         (premisa)
2. p1 en SC --> flag[1]=true y (flag[2]=false o turn!=2) (premisa)
3. flag[1]=true y (flag[2]=false o turn!=2)         (MP 1,2)
4. flag[2]=false o turn!=2   (A o B)                (EC 3)

Demostrando A
5. flag[2]=false                 (premisa)
6. flag[2]=false --> p2 en SC (premisa)
7. p2 en SR (p2 no SC)           (MP 5,6)

Demostrando B
8.  turn=!2                           (premisa)
9.  flag[1]=true                      (EC 3)
10. flag[1]=true y turn=1             (IC 8,9)
11. (flag[1]=true y turn=1) --> p2 en SE (premisa)
12. p2 en SE (p2 no SC)               (MP 10,11)
```

Solución de Lamport (n procesos)

El algoritmo para n procesos desarrollado por Lamport es una solución general e independiente del número de procesos inicialmente concebida para entornos distribuidos. Los procesos comparten dos arrays, uno de booleanos denominado *eleccion*, con sus elementos inicializados a *false*, y otro de enteros denominado *num*, con sus elementos inicializados a 0.

Este planteamiento se basa en que si p_i está en la sección crítica y p_j intenta entrar, entonces p_j ejecuta el segundo bucle *while* y detecta que $num[i] \neq 0$, garantizando así la exclusión mutua.

Listado 1.18: Solución n procesos; algoritmo de Lamport

```
 1  do {
 2    // SECCIÓN DE ENTRADA
 3    eleccion[i] = true;
 4    num[i] = max(num[0], ..., num[n]) + 1;
 5    eleccion[i] = false;
 6    for (j = 0; j < n; j++) {
 7      while (eleccion[j]);
 8      while (num[j] != 0 && (num[j], j) < (num[i], i));
 9    }
10    // SECCIÓN CRÍTICA.
11    // ...
12    // SECCIÓN DE SALIDA.
13    num[i] = 0;
14    // SECCIÓN RESTANTE.
15  }while (1);
```

Soluciones hardware

Figura 1.10: Acceso a la sección crítica mediante un cerrojo.

En general, cualquier solución al problema de la sección crítica se puede abstraer en el uso de un mecanismo simple basado en **cerrojos**. De este modo, las condiciones de carrera no se producirían, siempre y cuando antes de acceder a la sección crítica, un proceso adquiriese el uso exclusivo del cerrojo, bloqueando al resto de procesos que intenten abrirlo. Al terminar de ejecutar la sección crítica, dicho cerrojo quedaría liberado en la sección de salida. Este planteamiento se muestra de manera gráfica en la figura 1.10.

Evidentemente, tanto las operaciones de adquisición y liberación del cerrojo han de ser **atómicas**, es decir, su ejecución ha de producirse en una unidad de trabajo indivisible.

El problema de la sección crítica se podría solucionar fácilmente deshabilitando las interrupciones en entornos con un único procesador. De este modo, sería posible asegurar un esquema basado en la ejecución en orden de la secuencia actual de instrucciones, sin permitir la posibilidad de desalojo, tal y como se plantea en los *kernels* no apropiativos. Sin embargo, esta solución no es factible en entornos multiprocesador, los cuales representan el caso habitual en la actualidad.

Como ejemplo representativo de soluciones hardware, una posibilidad consiste en hacer uso de una instrucción **swap**, ejecutada de manera atómica mediante el hardware correspondiente, como parte de la sección de entrada para garantizar la condición de exclusión mutua.

Listado 1.19: Uso de operaciones swap

```
1  do {
2     // SECCIÓN DE ENTRADA
3     key = true;
4     while (key == true)
5       swap(&lock, &key);
6     // SECCIÓN CRÍTICA.
7     // ...
8     // SECCIÓN DE SALIDA.
9     lock = false;
10    // SECCIÓN RESTANTE.
11  }while (1);
```

Consideraciones

Las soluciones estudiadas hasta ahora no son, por lo general, legibles y presentan dificultadas a la hora de extenderlas a problemas más generales en los que se manejen n procesos.

Por otra parte, los procesos que intentan acceder a la sección crítica se encuentra en un estado de **espera activa**, normalmente modelado mediante bucles que comprueban el valor de una variable de manera ininterrumpida. Este planteamiento es muy ineficiente y no se puede acoplar en sistemas multiprogramados.

La consecuencia directa de estas limitaciones es la necesidad de plantear mecanismos que sean más sencillos y que sean independientes del número de procesos que intervienen en un determinado problema.

1.2.3. Mecanismos básicos de sincronización

En este apartado se plantean tres mecanismos de sincronización que se estudiarán con detalle en los capítulos 2, 3 y 4, respectivamente. Estos mecanismos son los semáforos, el paso de mensajes y los monitores.

Semáforos

Figura 1.11: Acceso a la sección crítica mediante un semáforo.

Un semáforo es un mecanismo de sincronización que encapsula una variable entera que sólo es accesible mediante dos operaciones atómicas estándar: **wait** y **signal**. La inicialización de este tipo abstracto de datos también se considera relevante para definir el comportamiento inicial de una solución. Recuerde que la modificación del valor entero encapsulado dentro de un semáforo ha de modificarse mediante instrucciones atómicas, es decir, tanto *wait* como *signal* han de ser instrucciones atómicas. Típicamente, estas operaciones se utilizarán para gestionar el acceso a la sección crítica por un número indeterminado de procesos.

La definición de *wait* es la siguiente:

```
1  wait (sem) {
2    while (sem <= 0); // No hacer nada.
3    sem--;
4  }
```

Listado 1.20: Semáforos; definición de wait

Por otra parte, la definición de *signal* es la siguiente:

```
1  signal (sem) {
2    sem++;
3  }
```

Listado 1.21: Semáforos; definición de signal

A continuación se enumeran algunas **características** de los semáforos y las implicaciones que tiene su uso en el contexto de la sincronización entre procesos.

- Sólo es posible acceder a la variable del semáforo mediante *wait* o *signal*. No se debe asignar o comparar los valores de la variable encapsulada en el mismo.

- Los semáforos han de inicializarse con un valor no negativo.

- La operación *wait* decrementa el valor del semáforo. Si éste se hace negativo, entonces el proceso que ejecuta *wait* se bloquea.

- La operación *signal* incrementa el valor del semáforo. Si el valor no era positivo, entonces se desbloquea a un proceso bloqueado previamente por *wait*.

Estas características tienen algunas implicaciones importantes. Por ejemplo, no es posible determinar a priori si un proceso que ejecuta *wait* se quedará bloqueado o no tras su ejecución. Así mismo, no es posible conocer si después de *signal* se despertará algún proceso o no.

```
while (1) {
  // Produce en nextP.
  wait (empty);
  wait (mutex);
  // Guarda nextP en buffer.
  signal (mutex);
  signal (full);
}
```

```
while (1) {
  wait (full);
  wait (mutex);
  // Rellenar nextC.
  signal (mutex);
  signal (empty);
  // Consume nextC.
}
```

Figura 1.12: Procesos productor y consumidor sincronizados mediante un semáforo.

Por otra parte, *wait* y *signal* son mutuamente excluyentes, es decir, si se ejecutan de manera concurrente, entonces se ejecutarán secuencialmente y en un orden no conocido a priori.

Si el valor de un semáforo es positivo, dicho valor representa el número de procesos que pueden decrementarlo a través de *wait* sin quedarse bloqueados. Por el contrario, si su valor es negativo, representa el número de procesos que están bloqueados. Finalmente, un valor igual a cero implica que no hay procesos esperando, pero una operación *wait* hará que un proceso se bloquee.

Los semáforos se suelen clasificar en contadores y binarios, en función del rango de valores que tome las variables que encapsulan. Un **semáforo binario** es aquél que sólo toma los valores 0 ó 1 y también se conoce como cerrojo *mutex* (*mutual exclusion*). Un **semáforo contador** no cumple esta restricción.

Las principales ventajas de los semáforos con respecto a otro tipo de mecanismos de sincronización se pueden resumir en las tres siguientes: i) **simplicidad**, ya que facilitan el desarrollo de soluciones de concurrencia y son simples, ii) **correctitud**, ya que los soluciones son generalmente limpias y legibles, siendo posible llevar a cabo demostraciones formales, iii) **portabilidad**, ya que los semáforos son altamente portables en diversas plataformas y sistemas operativos.

La figura 1.12 muestra una posible solución al problema del productor/consumidor. Típicamente los semáforos se utilizan tanto para gestionar el sincronismo entre procesos como para controlar el acceso a fragmentos de memoria compartida, como por ejemplo el buffer de productos.

Esta solución se basa en el uso de tres semáforos:

- **mutex** se utiliza para proporcionar exclusión mutua para el acceso al buffer de productos. Este semáforo se inicializa a 1.

- **empty** se utiliza para controlar el número de huecos vacíos del buffer. Este semáforo se inicializa a n.

- **full** se utiliza para controlar el número de huecos llenos del buffer. Este semáforo se inicializa a 0.

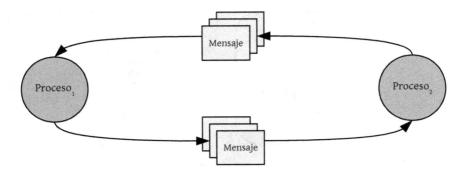

Figura 1.13: Esquema gráfico del mecanismo de paso de mensajes.

En el capítulo 2 se discutirá más en detalle el concepto de semáforo y su utilización en problemas clásicos de sincronización. Además, se estudiará una posible implementación utilizando las primitivas proporcionadas por el estándar POSIX.

Paso de mensajes

El mecanismo de paso de mensajes es otro esquema que permite la sincronización entre procesos. La principal diferencia con respecto a los semáforos es que permiten que los procesos se comuniquen sin tener que recurrir al uso de varibles de memoria compartida.

En los sistemas de memoria compartida hay poca cooperación del sistema operativo, están orientados al proceso y pensados para entornos centralizados, y es tarea del desarrollador establecer los mecanismos de comunicación y sincronización. Sin embargo, los sistemas basados en el paso de mensajes son válidos para entornos distribuidos, es decir, para sistemas con espacios lógicos distintos, y facilitar los mecanismos de comunicación y sincronización es labor del sistema operativo, sin necesidad de usar memoria compartida.

El paso de mensajes se basa en el uso de los dos primitivas siguientes:

- **send**, que permite el envío de información a un proceso.

- **receive**, que permite la recepción de información por parte de un proceso.

Además, es necesario un canal de comunicación entre los propios procesos para garantizar la entrega y recepción de los mensajes.

Resulta importante distinguir entre varios **tipos de comunicación**, en base a los conceptos directa/indirecta y simétrica/asimétrica. En esencia, la comunicación directa implica que en el mensaje se conocen, implícitamente, el receptor y el receptor del mismo. Por el contrario, la comunicación indirecta se basa en el uso de buzones. La comunicación simétrica se basa en que el receptor conoce de quién recibe un mensaje. Por el contrario, en la comunicación asímetrica el receptor puede recibir de cualquier proceso.

El listado de código 1.22 muestra un ejemplo básico de sincronización entre dos procesos mediante el paso de mensajes. En el capítulo 3 se discutirá más en detalle el concepto de paso de mensajes y su utilización en problemas clásicos de sincronización. Además, se estudiará una posible implementación utilizando las primitivas que el estándar POSIX proporciona.

Listado 1.22: Sincronización mediante paso de mensajes

```
1  // Proceso 1
2  while (1) {
3    // Trabajo previo p1...
4    send ('*', P2)
5    // Trabajo restante p1...
6  }
7
8  // Proceso 2
9  while (1) {
10   // Trabajo previo p2...
11   receive (&msg, P1)
12   // Trabajo restante p2...
13 }
```

Monitores

Aunque los semáforos tienen ciertas ventajas que garantizan su éxito en los problemas de sincronización entre procesos, también sufren ciertas debilidades. Por ejemplo, es posible que se produzcan errores de temporización cuando se usan. Sin embargo, la debilidad más importante reside en su propio uso, es decir, es fácil que un programador cometa algún error al, por ejemplo, intercambiar erróneamente un *wait* y un *signal*.

Con el objetivo de mejorar los mecanismos de sincronización y evitar este tipo de problemática, en los últimos años se han propuesto **soluciones de más alto nivel**, como es el caso de los monitores.

Básicamente, un tipo *monitor* permite que el programador defina una serie de operaciones públicas sobre un tipo abstracto de datos que gocen de la característica de la exclusión mutua. La idea principal está ligada al concepto de encapsulación, de manera que un procedimiento definido dentro de un monitor sólo puede acceder a las variables que se declaran como privadas o locales dentro del monitor.

Esta estructura garantiza que sólo un proceso esté activo cada vez dentro del monitor. La consecuencia directa de este esquema es que el programador no tiene que implementar de manera explícita esta restricción de sincronización. Esta idea se traslada también al concepto de **variables de condición**.

En esencia, un monitor es un mecanismo de sincronización de más alto nivel que, al igual que un cerrojo, protege la sección crítica y garantiza que solamente pueda existir un hilo activo dentro de la misma. Sin embargo, un monitor permite suspender un hilo dentro de la sección crítica posibilitando que otro hilo pueda acceder a la misma. Este segundo

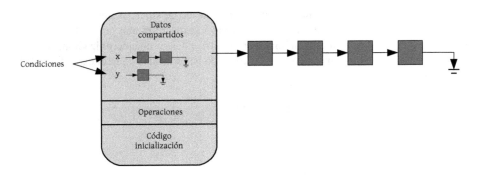

Figura 1.14: Esquema gráfico del uso de un monitor.

hilo puede abandonar el monitor, liberándolo, o suspenderse dentro del monitor. De cualquier modo, el hilo original se despierta y continua su ejecución dentro del monitor. Este esquema es escalable a múltiples hilos, es decir, varios hilos pueden suspenderse dentro de un monitor.

Los monitores proporcionan un mecanismo de sincronización **más flexible** que los cerrojos, ya que es posible que un hilo compruebe una condición y, si ésta es falsa, el hijo se pause. Si otro hilo cambia dicha condición, entonces el hilo original continúa su ejecución.

El siguiente listado de código muestra el uso del mecanismo de tipo monitor que el lenguaje Java proporciona para la sincronización de hebras. En Java, cualquier objeto tiene asociado un cerrojo. Cuando un método se declara como *synchronized*, la llamada al método implica la adquisición del cerrojo, evitando el acceso concurrente a cualquier otro método de la clase que use dicha declaración.

En el ejemplo que se expone en el listado 1.23, el monitor se utiliza para garantizar que el acceso y la modificación de la variable de clase _edad sólo se haga por otro hilo garantizando la exclusión mutua. De este modo, se garantiza que no se producirán inconsistencias al manipular el estado de la clase *Persona*.

Listado 1.23: Sincronización con monitores en Java

```
1  class Persona {
2      private int _edad;
3      public Persona (int edad) {
4      _edad = edad;
5      }
6      public synchronized void setEdad (int edad) {
7      _edad = edad;
8      }
9      public synchronized int getEdad () {
10     return _edad;
11     }
12 }
```

1.2.4. Interbloqueos y tratamiento del *deadlock*

En un entorno multiprogramado, los procesos pueden competir por un número limitado de recursos. Cuando un proceso intenta adquirir un recurso que está siendo utilizado por otro proceso, el primero pasa a un estado de espera, hasta que el recurso quede libre. Sin embargo, puede darse la situación en la que un proceso está esperando por un recurso que tiene otro proceso, que a su vez está esperando por un tercer recurso. A este tipo de situaciones se les denomina **interbloqueos** o *deadlocks*.

La figura 1.15 muestra un ejemplo de interbloqueo en el que el proceso p_1 mantiene ocupado el recurso r_1 y está a la espera del recurso r_2, el cual está ocupado por el proceso p_2. Al mismo tiempo, p_2 está a la espera del recurso r_1. Debido a que los dos procesos necesitan los dos recursos para completar sus tareas, ambos se encuentran en una situación de interbloqueo a la espera del recurso necesario.

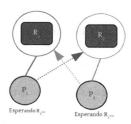

Figura 1.15: Situación de *deadlock* generada por dos procesos.

El modelo de sistema con el que se trabajará a continuación es una abstracción de la problemática de los sistemas operativos modernos, los cuales están compuestos de una serie de recursos por los que compiten una serie de procesos. En esencia, los recursos se clasifican en varios tipos y cada uno de ellos tiene asociado una serie de instancias. Por ejemplo, si el procesador tiene dos núcleos de procesamiento, entonces el recurso procesador tiene dos instancias asociadas.

 Un conjunto de procesos estará en un estado de interbloqueo cuando todos los procesos del conjunto estén esperando a que se produzca un suceso que sólo puede producirse como resultado de la actividad de otro proceso del conjunto [12].

Típicamente, un proceso ha de solicitar un recurso antes de utilizarlo y ha de liberarlo después de haberlo utilizado. En modo de operación normal, un proceso puede utilizar un recurso siguiendo la siguiente secuencia:

1. **Solicitud**: si el proceso no puede obtenerla inmediatamente, tendrá que esperar hasta que pueda adquirir el recurso.

2. **Uso**: el proceso ya puede operar sobre el recurso.

3. **Liberación**: el proceso libera el recurso.

 La solicitud y liberación de recursos se traducen en llamadas al sistema. Un ejemplo representativo sería la dupla *allocate()-free()*.

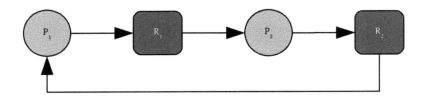

Figura 1.16: Condición de espera circular con dos procesos y dos recursos.

Los interbloqueos pueden surgir si se dan, de manera simultánea, las **cuatro condiciones de Coffman** [12]:

1. **Exclusión mutua**: al menos un recurso ha de estar en modo *no compartido*, es decir, sólo un proceso puede usarlo cada vez. En otras palabras, si el recurso está siendo utilizado, entonces el proceso que desee adquirirlo tendrá que esperar.

2. **Retención y espera**: un proceso ha de estar reteniendo al menos un recurso y esperando para adquirir otros recursos adicionales, actualmente retenidos por otros procesos.

3. **No apropiación**: los recursos no pueden desalojarse, es decir, un recurso sólo puede ser liberado, de manera voluntaria, por el proceso que lo retiene después de finalizar la tarea que estuviera realizando.

4. **Espera circular**: ha de existir un conjunto de procesos en competición $P = \{p_0, p_1, ..., p_{n-1}\}$ de manera que p_0 espera a un recurso retenido por p_1, p_1 a un recurso retenido por p_2, ..., y p_{n-1} a un recurso retenido por p_0.

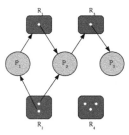

Figura 1.17: Ejemplo de grafo de asignación de recursos.

Todas estas condiciones han de darse por separado para que se produzca un interbloqueo, aunque resulta importante resaltar que existen dependencias entre ellas. Por ejemplo, la condición de *espera circular* implica que se cumpla la condición de *retención y espera*.

Grafos de asignación de recursos

Los interbloqueos se pueden definir de una forma más precisa, facilitando su análisis, mediante los grafos de asignación de recursos. El conjunto de nodos del grafo se suele dividir en dos subconjuntos, uno para los procesos activos del sistema $P = \{p_0, p_1, ..., p_{n-1}\}$ y otro formado por los tipos de recursos $R = \{r_1, r_2, ..., r_{n-1}\}$.

Por otra parte, el conjunto de aristas del grafo dirigido permite establecer las relaciones existentes entre los procesos y los recursos. Así, una arista dirigida del proceso p_i al recurso r_j significa que el proceso p_i ha solicitado una instancia del recurso r_j. Recuerde que en el modelo de sistema planteado cada recurso tiene asociado un número de instancias. Esta relación es una **arista de solicitud** y se representa como $p_i \rightarrow r_j$.

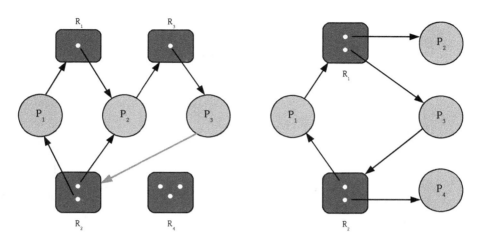

Figura 1.18: Grafos de asignación de recursos con *deadlock* (izquierda) y sin *deadlock* (derecha).

Por el contrario, una arista dirigida del recurso r_j al proceso p_i significa que se ha asignado una instancia del recurso r_j al proceso p_i. Esta **arista de asignación** se representa como $r_j \rightarrow p_i$. La figura 1.17 muestra un ejemplo de grafo de asignación de recursos.

Los grafos de asignación de recursos que no contienen ciclos no sufren interbloqueos. Sin embargo, la presencia de un ciclo puede generar la existencia de un interbloqueo, aunque no necesariamente. Por ejemplo, en la parte izquierda de la figura 1.18 se muestra un ejemplo de grafo que contiene un ciclo que genera una situación de interbloqueo, ya que no es posible romper el ciclo. Note cómo se cumplen las cuatro condiciones de *Coffman*.

La parte derecha de la figura 1.18 muestra la existencia de un ciclo en un grafo de asignación de recursos que no conduce a un interbloqueo, ya que si los procesos p_2 o p_4 finalizan su ejecución, entonces el ciclo se rompe.

Tratamiento del *deadlock*

Desde un punto de vista general, existen tres formas para llevar a cabo el tratamiento de los interbloqueos o *deadlocks*:

1. **Impedir o evitar** los interbloqueos, sin que se produzcan.

2. **Detectar y recuperarse** de los interbloqueos, es decir, tener mecanismos para identificarlos y, posteriormente, solventarlos.

3. **Ignorar** los interbloqueos, es decir, asumir que nunca van a ocurrir en el sistema.

La figura 1.19 muestra un esquema general con las distintas alternativas existentes a la hora de tratar los interbloqueos. A continuación se discutirán los fundamentos de cada una de estas alternativas, planteando las ventajas y desventajas que tienen.

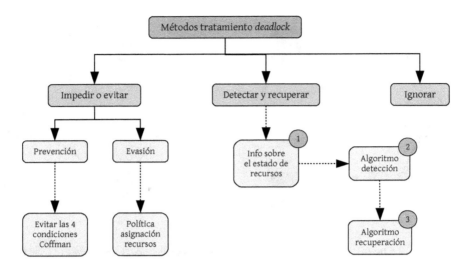

Figura 1.19: Diagrama general con distintos métodos para tratar los interbloqueos.

Con el objetivo de **evitar interbloqueos**, el sistema puede plantear un esquema de prevención o evasión de interbloqueos. Típicamente, las técnicas de prevención de interbloqueos se basan en asegurar que al menos una de las condiciones de *Coffman* no se cumpla. Para ello, estos métodos evitan los interbloqueos limitando el modo en el que los procesos realizan las solicitudes sobre los recursos.

Por otra parte, la evasión de interbloqueos se basa en un esquema más dinámico que gira en torno a la solicitud de más información relativa a las peticiones de recursos por parte de los procesos. Esta idea se suele denominar **política de asignación de recursos**. Un ejemplo típico consiste en especificar el número máximo de instancias que un proceso necesitará para cumplir una tarea.

Si un sistema no usa un mecanismo que evite interbloqueos, otra opción consiste en intentar detectarlos y, posteriormente, tratar de recuperarse de ellos.

En la práctica, todos estos métodos son costosos y su aplicación no supone, generalmente, una gran ventaja con respecto al beneficio obtenido para solventar una situación de interbloqueo. De hecho, los sistemas operativos modernos suelen basarse en la hipótesis de que no se producirán interbloqueos, delegando en el programador esta problemática. Esta aproximación se denomina comúnmente *algoritmo del avestruz*, y es el caso de los sistemas operativos UNIX y Windows.

 En determinadas situaciones es deseable ignorar un problema por completo debido a que el beneficio obtenido al resolverlo es menor que la generación de un posible fallo.

Prevención de interbloqueos

Como se ha comentado anteriormente, las técnicas de prevención de interbloqueos se basan en garantizar que algunas de las cuatro condiciones de *Coffman* no se cumplan.

La condición de **exclusión mutua** está asociada a la propia naturaleza del recurso, es decir, depende de si el recurso se puede compartir o no. Los recursos que pueden compartirse no requieren un acceso mutuamente excluyente, como por ejemplo un archivo de sólo lectura. Sin embargo, en general no es posible garantizar que se evitará un interbloqueo incumpliendo la condición de exclusión mutua, ya que existen recursos, como por ejemplo una impresora, que por naturaleza no se pueden compartir..

La condición de **retener y esperar** se puede negar si se garantiza de algún modo que, cuando un proceso solicite un recurso, dicho proceso no esté reteniendo ningún otro recurso. Una posible solución a esta problemática consiste en solicitar todos los recursos necesarios antes de ejecutar una tarea. De este modo, la política de asignación de recursos decidirá si asigna o no todo el bloque de recursos necesarios para un proceso. Otra posible opción sería plantear un protocolo que permitiera a un proceso solicitar recursos si y sólo si no tiene ninguno retenido.

 ¿Qué desventajas presentan los esquemas planteados para evitar la condición de *retener y esperar*?

Estos dos planteamientos presentan dos desventajas importantes: i) una baja tasa de uso de los recursos, dado que los recursos pueden asignarse y no utilizarse durante un largo periodo de tiempo, y ii) el problema de la inanición, ya que un proceso que necesite recursos muy solicitados puede esperar de forma indefinida.

La condición de **no apropiación** se puede incumplir desalojando los recursos que un proceso retiene en el caso de solicitar otro recurso que no se puede asignar de forma inmediata. Es decir, ante una situación de espera por parte de un proceso, éste liberaría los recursos que retiene actualmente. Estos recursos se añadirían a la lista de recursos que el proceso está esperando. Así, el proceso se reiniciará cuando pueda recuperar sus antiguos recursos y adquirir los nuevos, solucionando así el problema planteado.

Este tipo de protocolos se suele aplicar a recursos cuyo estado pueda guardarse y restaurarse fácilmente, como los registros de la CPU o la memoria. Sin embargo, no se podría aplicar a recursos como una impresora.

Finalmente, la condición de **espera circular** se puede evitar estableciendo una relación de orden completo a todos los tipos de recursos. De este modo, al mantener los recursos ordenados se puede definir un protocolo de asignación de recursos para evitar la espera circular. Por ejemplo, cada proceso sólo puede solicitar recursos en orden creciente de enumeración, es decir, sólo puede solicitar un recurso *mayor* al resto de recursos ya solicitados. En el caso de necesitar varias instancias de un recurso, se solicitarían todas a la vez. Recuerde que respetar la política de ordenación planteada es responsabilidad del programador.

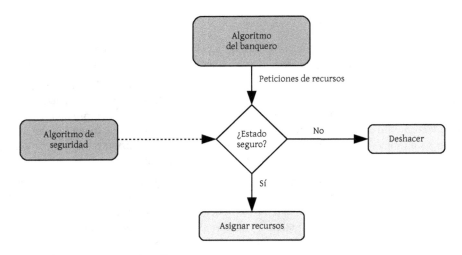

Figura 1.20: Diagrama general de una política de evasión de interbloqueos.

Evasión de interbloqueos

La prevención de interbloqueos se basa en restringir el modo en el que se solicitan los recursos, con el objetivo de garantizar que al menos una de las cuatro condiciones se incumpla. Sin embargo, este planteamiento tiene dos consecuencias indeseables: la baja tasa de uso de los recursos y la reducción del rendimiento global del sistema.

Una posible alternativa consiste en hacer uso de información relativa a cómo se van a solicitar los recursos. De este modo, si se dispone de más información, es posible plantear una política más completa que tenga como meta la evasión de potenciales interbloqueos en el futuro. Un ejemplo representativo de este tipo de información podría ser la secuencia completa de solicitudes y liberaciones de recursos por parte de cada uno de los procesos involucrados.

Las alternativas existentes de evasión de interbloqueos varían en la cantidad y tipo de información necesaria. Una solución simple se basa en conocer únicamente el número máximo de recursos que un proceso puede solicitar de un determinado recurso. El algoritmo de evasión de interbloqueos examinará de manera dinámica el estado de asignación de cada recurso con el objetivo de que no se produzca una espera circular.

En este contexto, el concepto de **estado seguro** se define como aquél en el que el sistema puede asignar recursos a cada proceso (hasta el máximo definido) en un determinado orden sin que se produzca un interbloqueo.

A continuación se describe el denominado **algoritmo del banquero**[3]. En esencia, este algoritmo se basa en que cuando un proceso entra en el sistema, éste ha de establecer el número máximo de instancias de cada tipo de recurso que puede necesitar. Dicho número no puede exceder del máximo disponible en el sistema. La idea general consiste en determinar si la asignación de recursos dejará o no al sistema en un estado seguro. Si es así, los recursos se asigna. Si no lo es, entonces el proceso tendrá que esperar a que otros procesos liberen sus recursos asociados.

La figura 1.20 muestra un diagrama basado en la aplicación de una política de evasión de interbloqueos mediante el algoritmo del banquero y la compración de estados seguros en el sistema.

Para implementar el algoritmo del banquero, es necesario hacer uso de varias estructuras de datos:

- **Available**, un vector de longitud m, definido a nivel global del sistema, que indica el número de instancias disponibles de cada tipo de recurso. Si $available[j] = k$, entonces el sistema dispone actualmente de k instancias del tipo de recurso r_j.

- **Max**, una matriz de dimensiones nxm que indica la demanda máxima de cada proceso. Si $max[i][j] = k$, entonces el proceso p_i puede solicitar, como máximo, k instancias del tipo de recurso r_j.

- **Allocation**, una matriz de dimensiones nxm que indica el número de instancias de cada tipo de recurso asignadas a cada proceso. Si $allocation[i][j] = k$, entonces el proceso p_i tiene actualmente asignadas k instancias del recurso r_j.

- **Need**, una matriz de dimensiones nxm que indica la necesidad restante de recursos por parte de cada uno de los procesos. Si $need[i][j] = k$, entonces el proceso p_i puede que necesite k instancias adicionales del recurso r_j. $need[i][j] = max[i][j] - allocation[i][j]$.

El algoritmo que determina si las solicitudes pueden concederse de manera segura es el siguiente. Sea $request_i$ el vector de solicitud para p_i. Ej. $request_i = [0, 3, 1]$. Cuando p_i hace una solicitud de recursos se realizan las siguientes acciones:

1. Si $request_i \leq need_i$, ir a 2. Si no, generar condición de error, ya que se ha excedido el cantidad máxima de recursos.

2. Si $request_i \leq available$, ir a 3. Si no, p_i tendrá que esperar a que se liberen recursos.

3. Realizar la asignación de recursos.

   a) $available = available - request_i$

   b) $allocation_i = allocation_i + request_i$

   c) $need_i = need_i - request_i$

4. Si el estado resultante es seguro, modificar el estado. Si no, restaurar el estado anterior. p_i esperará a que se le asignen los recursos $request_i$.

---

[3]El origen de este nombre está en su utilización en sistemas bancarios.

El algoritmo que determina si un estado es seguro es el siguiente. Sean $work$ y $finish$ dos vectores de longitud m y n, inicializados del siguiente modo: $work = available$ y $finish[i] = false \forall i \in \{0, 1, ..., n-1\}$.

1. Hallar i (si no existe, ir a 3) tal que

   a) $finish[i] == false$

   b) $need_i \leq work$

2. $work = work + allocation_i$, $finish[i] = true$, ir a 1.

3. Si $finish[i] == true, \forall i \in \{0, 1, ..., n-1\}$, entonces el sistema está en un estado seguro.

A continuación se plantea un ejercicio sobre la problemática asociada al algoritmo del banquero y a la comprobación de estado seguro. Considere el siguiente estado de asignación de recursos en un sistema:

	Allocation	Max
p_0	0 0 1 2	0 0 1 2
p_1	1 0 0 0	1 7 5 0
p_2	1 3 5 4	2 3 5 6
p_3	0 6 3 2	0 6 5 2
p_4	0 0 1 4	0 6 5 6

Así mismo, $available = [1, 5, 2, 0]$

Si se utiliza un mecanismo de evasión del interbloqueo, ¿está el sistema en un estado seguro?

En primer lugar, se hace uso de dos vectores: i) $work = [1, 5, 2, 0]$ y ii) $finish = [f, f, f, f, f]$ y se calcula la necesidad de cada uno de los procesos ($max - allocation$):

- $need_o = [0, 0, 0, 0]$

- $need_1 = [0, 7, 5, 0]$

- $need_2 = [1, 0, 0, 2]$

- $need_3 = [0, 0, 2, 0]$

- $need_4 = [0, 6, 4, 2]$

A continuación, se analiza el estado de los distintos procesos.

- p_0: $need_0 \leq work = [0, 0, 0, 0] \leq [1, 5, 2, 0]; finish[0] = f$.

  - $work = [1, 5, 2, 0] + [0, 0, 1, 2] = [1, 5, 3, 2]$

  - $finish = [v, f, f, f, f]$

- p_1: $need_1 > work = [0, 7, 5, 0] > [1, 5, 3, 2]$

- p_2: $need_2 \leq work = [1,0,0,2] \leq [1,5,3,2]$; $finish[2] = f$.
    - $work = [1,5,3,2] + [1,3,5,4] = [2,8,8,6]$
    - $finish = [v,f,v,f,f]$
- p_1: $need_1 \leq work = [0,7,5,0] \leq [2,8,8,6]$; $finish[1] = f$.
    - $work = [2,8,8,6] + [1,0,0,0] = [3,8,8,6]$
    - $finish = [v,v,v,f,f]$
- p_3: $need_3 \leq work = [0,0,2,0] \leq [3,8,8,6]$; $finish[3] = f$.
    - $work = [3,8,8,6] + [0,6,3,2] = [3,14,11,8]$
    - $finish = [v,v,v,v,f]$
- p_4: $need_4 \leq work = [0,6,4,2] \leq [3,14,11,8]$; $finish[4] = f$.
    - $work = [3,14,11,8] + [0,0,1,4] = [3,14,12,12]$
    - $finish = [v,v,v,v,v]$

Por lo que se puede afirmar que el sistema se encuentra en un estado seguro.

Si el proceso p_1 solicita recursos por valor de $[0,4,2,0]$, ¿puede atenderse con garantías de inmediato esta petición?

En primer lugar habría que aplicar el algoritmo del banquero para determinar si dicha petición se puede conceder de manera segura.

1. $request_1 \leq need_1 \leftrightarrow [0,4,2,0] \leq [0,7,5,0]$
2. $request_1 \leq available_1 \leftrightarrow [0,4,2,0] \leq [1,5,2,0]$
3. Asignación de recursos.
    - a) $available = available - request_1 = [1,5,2,0] - [0,4,2,0] = [1,1,0,0]$
    - b) $allocation_1 = allocation_1 + request_1 = [1,0,0,0] + [0,4,2,0] = [1,4,2,0]$
    - c) $need_1 = need_1 - request_1 = [0,7,5,0] - [0,4,2,0] = [0,3,3,0]$
4. Comprobación de estado seguro.

En primer lugar, se hace uso de dos vectores: i) $work = [1,1,0,0]$ y ii) $finish = [f,f,f,f,f]$ y se calcula la necesidad de cada uno de los procesos ($max - allocation$):

- $need_o = [0,0,0,0]$
- $need_1 = [0,3,3,0]$
- $need_2 = [1,0,0,2]$
- $need_3 = [0,0,2,0]$
- $need_4 = [0,6,4,2]$

A continuación, se analiza el estado de los distintos procesos.

- p_0: $need_0 \leq work = [0,0,0,0] \leq [1,1,0,0]$; $finish[0] = f$.
  - $work = [1,1,0,0] + [0,0,1,2] = [1,1,1,2]$
  - $finish = [v,f,f,f,f]$
- p_1: $need_1 > work = [0,3,3,0] > [1,1,1,2]$
- p_2: $need_2 \leq work = [1,0,0,2] \leq [1,1,1,2]$; $finish[2] = f$.
  - $work = [1,1,1,2] + [1,3,5,4] = [2,4,6,6]$
  - $finish = [v,f,v,f,f]$
- p_1: $need_1 \leq work = [0,3,3,0] \leq [2,4,6,6]$; $finish[1] = f$.
  - $work = [2,4,6,6] + [1,4,2,0] = [3,8,8,6]$
  - $finish = [v,v,v,f,f]$
- p_3: $need_3 \leq work = [0,0,2,0] \leq [3,8,8,6]$; $finish[3] = f$.
  - $work = [3,8,8,6] + [0,6,3,2] = [3,14,11,8]$
  - $finish = [v,v,v,v,f]$
- p_4: $need_4 \leq work = [0,6,4,2] \leq [3,14,11,8]$; $finish[4] = f$.
  - $work = [3,14,11,8] + [0,0,1,4] = [3,14,12,12]$
  - $finish = [v,v,v,v,v]$

Se puede afirmar que el sistema se encuentra en un estado seguro después de la nueva asignación de recursos al proceso p_1.

1.3. Fundamentos de tiempo real

El rango de aplicación de los dispositivos electrónicos, incluyendo los ordenadores, ha crecido exponencialmente en los últimos años. Uno de estos campos está relacionado con las **aplicaciones de tiempo real**, donde es necesario llevar a cabo una determinada funcionalidad atendiendo a una serie de restricciones temporales que son esenciales en relación a los requisitos de dichas aplicaciones. Por ejemplo, considere el sistema de control de un coche. Este sistema ha de ser capaz de responder a determinadas acciones en *tiempo real*.

Es importante resaltar que las aplicaciones de tiempo real tienen características que los hacen particulares con respecto a otras aplicaciones más tradicionales de procesamiento de información. A lo largo del tiempo han surgido herramientas y lenguajes de programación especialmente diseñados para facilitar su desarrollo.

1.3.1. ¿Qué es un sistema de tiempo real?

Según el *Oxford Dictionary of Computing*, un sistema de tiempo real se define como *«cualquier sistema en el que el tiempo en el que se produce la salida es significativo. Esto generalmente es porque la entrada corresponde a algún movimiento en el mundo físico, y la salida está relacionada con dicho movimiento. El intervalo entre el tiempo de entrada y el de salida debe ser lo suficientemente pequeño para una temporalidad aceptable».*

STR

Los sistemas de tiempo real también se conocen como sistemas empotrados o embebidos, debido a su integración en el propio dispositivo que proporciona una determinada funcionalidad.

El **concepto de temporalidad** resulta esencial en un sistema de tiempo real, ya que marca su diferencia en términos de requisitos con respecto a otro tipo de sistemas.

Como ejemplo representativo, considera la situación en la que un usuario interactúa con un sistema de venta de entradas de cine. Ante una petición de compra, el usuario espera que el sistema responda en un intervalo de tiempo razonable (quizás no más de cinco segundos). Sin embargo, una demora en el tiempo de respuesta por parte del sistema no representa una situación crítica.

Por el contrario, considere el sistema de *airbag* de un coche, el cual está controlado por un microprocesador. Ante una situación de emergencia, como por ejemplo un choque con otro vehículo, el sistema ha de garantizar una **respuesta en un intervalo de tiempo acotado** y perfectamente definido con el objetivo de garantizar una respuesta adecuada del sistema de seguridad. Éste sí es un ejemplo representativo de sistema de tiempo real.

Figura 1.21: Probando un sistema de airbag en un helicóptero OH-58D (fuente Wikipedia).

Desde el punto de vista del diseño, los sistemas de tiempo real se suelen clasificar en **estrictos** (*hard*) y **no estrictos** (*soft*) [3], dependiendo si es absolutamente necesario que la respuesta se produzca antes de un tiempo límite (*deadline*) especificado o no, respectivamente. En el caso de los sistemas de tiempo real no estrictos, el tiempo de respuesta sigue siendo muy importante pero el sistema garantiza su funcionamiento incluso cuando este tiempo límite se incumple ocasionalmente.

 Un sistema de tiempo real no ha de ser necesariamente muy rápido, sino que ha de responder en un intervalo de tiempo previamente definido, es decir, ha de mantener un comportamiento determinista.

Tradicionalmente, los sistemas de tiempo real se han utilizado para el control de procesos, la fabricación y la comunicación. No obstante, este tipo de sistemas también se utilizan en un contexto más general con el objetivo de proporcionar una monitorización continua de un determinado entorno físico.

Correctitud STR

La correctitud de un sistema de tiempo real no sólo depende de la correctitud del resultado obtenido, sino también del tiempo empleado para obtenerlo.

En el diseño y desarrollo de sistemas de tiempo real son esenciales aspectos relacionados con la programación concurrente, la planificación en tiempo real y la fiabilidad y la tolerancia a fallos. Estos aspectos serán cubiertos en capítulos sucesivos.

Características de un sistema de tiempo real

El siguiente listado resume las principales características que un sistema de tiempo real puede tener [3]. Idealmente, un lenguaje de programación o sistema operativo que se utilice para el desarrollo de un sistema de tiempo real debería proporcionar dichas características.

- **Complejidad,** en términos de tamaño o número de líneas de código fuente y en términos de variedad de respuesta a eventos del mundo real. Esta característica está relacionada con la mantenibilidad del código.

- **Tratamiento de números reales,** debido a la precisión necesaria en ámbitos de aplicación tradicionales de los sistemas de tiempo real, como por ejemplo los sistemas de control.

- **Fiabilidad y seguridad,** en términos de robustez del software desarrollado y en la utilización de mecanismos o esquemas que la garanticen. El concepto de certificación cobra especial relevancia en el ámbito de la fiabilidad como solución estándar que permite garantizar la robustez de un determinado sistema.

- **Concurrencia,** debido a la necesidad real de tratar con eventos que ocurren de manera paralela en el mundo real. En este contexto, existen lenguajes de programación como Ada que proporcionan un soporte nativo a la concurrencia.

- **Funcionalidad de tiempo real,** debido a la necesidad de trabajar con elementos temporales a la hora de construir un sistema de tiempo real, así como establecer las acciones a realizar ante el incumplimiento de un requisito temporal.

- **Interacción HW,** ya que la propia naturaleza de un sistema empotrado requiere la interacción con dispositivos hardware.

- **Eficiencia,** debido a que la implementación de, por ejemplo, un sistema crítico ha de ser más eficiente que en otro tipo de sistemas.

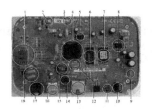

Figura 1.22: Distintos componentes del hardware interno de un módem/-router de ADSL (fuente Wikipedia).

En el capítulo 5 se cubrirán más aspectos de los sistemas de tiempo real. En concreto, se abordará el tema de la **planificación** en sistemas de tiempo real y se discutirán distintos métodos para realizar el cálculo del tiempo de respuesta. Este cálculo es esencial para determinar si un sistema de tiempo real es planificable, es decir, si las distintas tareas que lo componen son capaces de garantizar una respuesta antes de un determinado tiempo límite o *deadline*.

1.3.2. Herramientas para sistemas de tiempo real

El abanico de herramientas existentes para el diseño y desarrollo de sistemas de tiempo real es muy amplio, desde herramientas de modelado, sistemas operativos y lenguajes de programación hasta estándares de diversa naturaleza pasando por compiladores y depuradores.

En el ámbito particular de los **lenguajes de programación** es importante destacar las distintas alternativas existentes, ya sean de más bajo o más alto nivel. Tradicionalmente, una herramienta representativa en el desarrollo de sistemas empotrados ha sido el lenguaje ensamblador, debido a su flexibilidad a la hora de interactuar con el hardware subyacente y a la posibilidad de llevar a cabo implementaciones eficientes. Desafortunadamente, el uso de un lenguaje ensamblador es costoso y propenso a errores de programación.

Los lenguajes de programación de sistemas, como por ejemplo C, representan una solución de más alto nivel que tiene como principal ventaja su amplia utilización en toda la industria del software. No obstante, es necesario el uso de un sistema operativo para dar soporte a los aspectos esenciales de concurrencia y tiempo real.

Así mismo, existen lenguajes de programación de más alto nivel, como por ejemplo Ada, que sí proporcionan un enfoque nativo de concurrencia y tiempo real. En el caso particular de Ada, su diseño estuvo marcado por la necesidad de un lenguaje más adecuado para el desarrollo de sistemas críticos.

LynuxWorks

Un ejemplo representativo de sistema operativo de tiempo real es *Lynux-Works*, el cual da soporte a una virtualización completa en dispositivos empotrados.

En el caso de los **sistemas operativos**, es importante destacar la existencia de algunos sistemas de tiempo real que tienen como principales características el determinismo, con el objetivo de garantizar los tiempos de respuesta de las tareas a las que dan soporte, la integración de la concurrencia en el ámbito del tiempo real y la posibilidad de acceder directamente al hardware subyacente.

Finalmente, en la industria existen diversos **estándares** ideados para simplificar el desarrollo de sistemas de tiempo real y garantizar, en la medida de lo posible, su interoperabilidad. Un ejemplo representativo es POSIX y sus extensiones para tiempo real. Como se discutirá en sucesivos capítulos, el principal objetivo de POSIX es proporcionar una estandarización en las llamadas al sistema de distintos sistemas operativos.

Capítulo 2

Semáforos y Memoria Compartida

E n este capítulo se introduce el concepto de **semáforo** como mecanismo básico de sincronización entre procesos. En la vida real, un semáforo es un sistema basado en señales luminosas que rige el comportamiento de los vehículos que comparten un tramo de una calzada. Ésta es la esencia de los semáforos software, conformando una estructura de datos que se puede utilizar en una gran variedad de problemas de sincronización.

Así mismo, y debido a la necesidad de compartir datos entre procesos, en este capítulo se discute el uso de los **segmentos de memoria compartida** como mecanismo básico de comunicación entre procesos.

Como caso particular, en este capítulo se discuten los semáforos y la memoria compartida en **POSIX** y se estudian las primitivas necesarias para su uso y manipulación. Posteriormente, la implementación planteada a partir de este estándar se utilizará para resolver algunos problemas clásicos de sincronización entre procesos, como por ejemplos los filósofos comensales o los lectores-escritores.

Sobre estos **problemás clásicos** se realizarán modificaciones con el objetivo de profundizar sobre las soluciones planteadas y las posibles limitaciones existentes. Así mismo, se hará especial hincapié en la posibilidad de interbloqueo de algunas de las soluciones discutidas, con el objetivo de que el desarrollador pueda evitarlo planteando una solución más adecuada.

Finalmente, en este capítulo también se discute la aplicación de algunos **patrones de diseño** [5], generalizados a partir de características compartidas por diversos problemas de sincronización específicos. Estos patrones pueden resultar muy útiles a la hora de afrontar nuevos problemas de sincronización.

2.1. Conceptos básicos

Un **semáforo** es una herramienta de sincronización genérica e independiente del dominio del problema, ideada por Dijsktra en 1965. Básicamente, un semáforo es similar a una variable entera pero con las tres diferencias siguientes:

1. Al crear un semáforo, éste se puede inicializar con cualquier valor entero no negativo. Sin embargo, una vez creado, sólo es posible incrementar y decrementar en uno su valor. De hecho, no se debe leer el valor actual de un semáforo.

2. Cuando un proceso decrementa el semáforo, si el resultado es negativo entonces dicho proceso se bloquea a la espera de que otro proceso incremente el semáforo.

3. Cuando un proceso incrementa el semáforo, si hay otros procesos bloqueados entonces uno de ellos se desbloqueará.

Las operaciones de sincronización de los semáforos son, por lo tanto, dos: **wait** y **signal**. Estas operaciones también se suelen denominar **P** (del holandés *Proberen*) y **V** (del holandés *Verhogen*).

Todas las modificaciones del valor entero asociado a un semáforo se han de ejecutar de manera atómica, es decir, de forma indivisible. En otras palabras, cuando un proceso modifica el valor de un semáforo, ningún otro proceso puede modificarlo de manera simultánea.

 Los semáforos sólo se deben manipular mediante las operaciones atómicas *wait* y *signal*.

A continuación se muestra la definición de *wait()*:

Listado 2.1: Definición de wait

```
1  wait (s) {
2    while s <= 0; // No hacer nada.
3    s--;
4  }
```

La definición de *signal()* es la siguiente:

Listado 2.2: Definición de signal

```
1  signal (s) {
2    s++;
3  }
```

Los semáforos se suelen clasificar en semáforos contadores y semáforos binarios. Un **semáforo contador** es aquél que permite que su valor pueda variar sin restricciones, mientras que en un **semáforo binario** dicho valor sólo puede ser 0 ó 1. Tradicionalmente, los semáforos binarios se suelen denominar *mutex*.

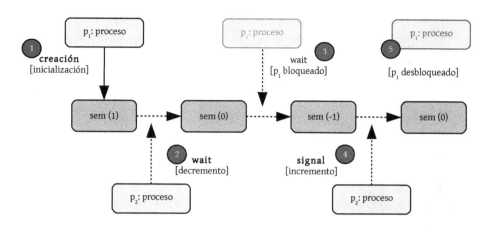

Figura 2.2: Modelo de funcionamiento de un semáforo. El proceso p_1 se bloquea al ejecutar *wait* sobre el semáforo hasta que p_2 emita un *signal* sobre el mismo.

En el contexto del problema de la sección crítica discutido en la sección 1.2.2, los semáforos binarios se pueden utilizar como mecanismo para garantizar el acceso exclusivo a la misma, evitando así las ya discutidas condiciones de carrera. En este contexto, los procesos involucrados compartirían un semáforo inicializado a 1, mientras que su funcionamiento estaría basado en el esquema de la figura 2.1.

Figura 2.1: El acceso a la sección crítica de un proceso se puede controlar mediante un semáforo. Note cómo el acceso a dicho sección se gestiona medinate el semáforo binario denominado *sem*.

Por otra parte, los semáforos contadores se pueden utilizar para gestionar el **acceso concurrente** a las distintas instancias que conforman un recurso. En este caso, el semáforo se inicializaría al número de instancias disponibles originalmente. Así, cuando un proceso p_i deseara adquirir una instancia del recurso, ejecutaría *wait* sobre el semáforo decrementando el valor del mismo.

Por el contrario, cuando un proceso p_i liberara dicha instancia, ejecutaría *signal* sobre el recurso incrementando el valor del mismo. Si el semáforo llegase a 0, entonces todas las instancias del recurso estarían ocupadas. Ante esta situación, si otro proceso p_j ejecuta *wait*, entonces se bloquearía hasta que el valor del semáforo sea mayor que 0, es decir, hasta que otro proceso ejecutara *signal*.

Los semáforos también se usan para **sincronizar eventos**, delimitando hasta qué punto puede llegar un proceso ejecutando su código antes de que otro proceso alcance otro punto de su código. La figura 2.3 muestra la estructura de tres procesos (P1, P2 y P3) en base a sus instrucciones y los puntos de sincronización entre dichos procesos.

Sincronización

La sincronización también se refiere a situaciones en las que se desea evitar que dos eventos ocurran al mismo tiempo o a forzar que uno ocurra antes o después que otro.

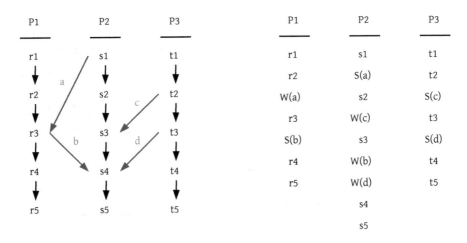

Figura 2.3: Ejemplo de sincronización entre procesos mediante semáforos.

Un punto de sincronización, representado mediante líneas azules en la figura, especifica si una instrucción de un proceso se ha de ejecutar, obligatoriamente, antes que otra instrucción específica de otro proceso. Para cada punto de sincronización se ha definido un semáforo binario distinto, inicializado a 0. Por ejemplo, el punto de sincronización asociado al semáforo a implica que la operación $s1$, del proceso P2, se ha de ejecutar antes que la operación $r3$ para que el proceso P1 pueda continuar su ejecución.

Además de estos aspectos básicos que conforman la definición de un semáforo, es importante considerar las siguientes **consecuencias** derivadas de dicha definición:

- En general, no es posible conocer si un proceso se bloqueará después de decrementar el semáforo.

- No es posible conocer qué proceso se despertará, en caso de que haya alguno bloqueado, después de que se incremente el semáforo.

- Cuando se incrementa el semáforo, el número de procesos que se desbloquearán será uno o cero. Es decir, no se ha de despertar algún proceso necesariamente.

El uso de los semáforos como mecanismo de sincronización plantea una serie de **ventajas**, derivadas en parte de su simplicidad:

- Los semáforos permiten imponer restricciones explícitas con el objetivo de evitar errores por parte del programador.

- Las soluciones basadas en semáforos son, generalmente, limpias y organizadas, garantizando su simplicidad y permitiendo demostrar su validez.

- Los semáforos se pueden implementar de forma eficiente en una gran variedad de sistemas, fomentando así la portabilidad de las soluciones planteadas.

Antes de discutir los semáforos en POSIX, es importante destacar que la definición de semáforo discutida en esta sección requiere una **espera activa**. Mientras un proceso esté en su sección crítica, cualquier otro proceso que intente acceder a la suya deberá ejecutar de manera continuada un bucle en el código de entrada. Este esquema basado en espera activa hace que se desperdicien miles de ciclos de CPU en un sistema multiprogramado, aunque tiene la ventaja de que no se producen cambios de contexto.

Para evitar este tipo de problemática, es posible habilitar el bloqueo de un proceso que ejecuta *wait* sobre un semáforo con valor negativo. Esta operación de bloqueo coloca al proceso en una cola de espera vinculada con el semáforo de manera que el estado del proceso pasa a *en espera*. Posteriormente, el control pasa al planificador de la CPU, que seleccionará otro proceso para su ejecución.

Un proceso bloqueado se reanudará cuando otro proceso ejecuta *signal* sobre el semáforo, cambiando el estado del proceso original de *en espera* a *preparado*.

2.2. Implementación

2.2.1. Semáforos

En esta sección se discuten las **primitivas POSIX** más importantes relativas a la creación y manipulación de semáforos y segmentos de memoria compartida. Así mismo, se plantea el uso de una interfaz que facilite la manipulación de los semáforos mediantes funciones básicas para la creación, destrucción e interacción mediante operaciones *wait* y *signal*.

En POSIX, existe la posibilidad de manejar **semáforos nombrados**, es decir, semáforos que se pueden manipular mediante cadenas de texto, facilitando así su manejo e incrementando el nivel semántico asociado a los mismos.

En el listado de código 2.3 se muestra la interfaz de la primitiva *sem_open()*, utilizada para abrir un semáforo nombrado.

```
     Listado 2.3: Primitiva sem_open en POSIX
 1  #include <semaphore.h>
 2
 3  /* Devuelve un puntero al semáforo o SEM FAILED */
 4  sem_t *sem_open (
 5     const char *name,    /* Nombre del semáforo */
 6     int oflag,           /* Flags */
 7     mode_t mode,         /* Permisos */
 8     unsigned int value   /* Valor inicial */
 9  );
10
11  sem_t *sem_open (
12     const char *name,    /* Nombre del semáforo */
13     int oflag,           /* Flags */
14  );
```

El valor de retorno de la primitiva *sem_open()* es un puntero a una estructura del tipo *sem_t* que se utilizará para llamar a otras funciones vinculadas al concepto de semáforo.

POSIX contempla diversas primitivas para cerrar (*sem_close()*) y eliminar (*sem_unlink()*) un semáforo, liberando así los recursos previamente creados por *sem_open()*. La primera tiene como parámetro un puntero a semáforo, mientras que la segunda sólo necesita el nombre del mismo.

Listado 2.4: Primitivas sem_close y sem_unlink en POSIX

```
1  #include <semaphore.h>
2
3  /* Devuelven 0 si todo correcto o -1 en caso de error */
4  int sem_close  (sem_t *sem);
5  int sem_unlink (const char *name);
```

Finalmente, las primitivas para decrementar e incrementar un semáforo se exponen a continuación. Note cómo la primitiva de incremento utiliza el nombre *post* en lugar del tradicional *signal*.

Listado 2.5: Primitivas sem_wait y sem_post en POSIX

```
1  #include <semaphore.h>
2
3  /* Devuelven 0 si todo correcto o -1 en caso de error */
4  int sem_wait (sem_t *sem);
5  int sem_post (sem_t *sem);
```

En el presente capítulo se utilizarán los semáforos POSIX para codificar soluciones a diversos problemas de sincronización que se irán planteando en la sección 2.3. Para facilitar este proceso se ha definido una **interfaz** con el objetivo de simplificar la manipulación de dichos semáforos, el cual se muestra en el listado 2.6.

Listado 2.6: Interfaz de gestión de semáforos

```
1  #include <semaphore.h>
2
3  typedef int bool;
4  #define false 0
5  #define true 1
6
7  /* Crea un semáforo POSIX */
8  sem_t *crear_sem (const char *name, unsigned int valor);
9
10 /* Obtener un semáforo POSIX (ya existente) */
11 sem_t *get_sem (const char *name);
12
13 /* Cierra un semáforo POSIX */
14 void destruir_sem (const char *name);
15
16 /* Incrementa el semáforo */
17 void signal_sem (sem_t *sem);
18
19 /* Decrementa el semáforo */
20 void wait_sem (sem_t *sem);
```

Patrón fachada

La interfaz de gestión de semáforos propuesta en esta sección es una implementación del patrón fachada *facade*.

El diseño de esta interfaz se basa en utilizar un esquema similar a los semáforos nombrados en POSIX, es decir, identificar a los semáforos por una cadena de caracteres. Dicha cadena se utilizará para crear un semáforo, obtener el puntero a la estructura de tipo *sem_t* y destruirlo. Sin embargo, las operaciones *wait* y *signal* se realizarán sobre el propio puntero a semáforo.

2.2.2. Memoria compartida

Los problemas de sincronización entre procesos suelen integrar algún tipo de recurso compartido cuyo acceso, precisamente, hace necesario el uso de algún mecanismo de sincronización como los semáforos. El recurso compartido puede ser un **fragmento de memoria**, por lo que resulta relevante estudiar los mecanismos proporcionados por el sistema operativo para dar soporte a la memoria compartida. En esta sección se discute el soporte POSIX para memoria compartida, haciendo especial hincapié en las primitivas proporcionadas y en un ejemplo particular.

La gestión de memoria compartida en POSIX implica la **apertura o creación** de un segmento de memoria compartida asociada a un nombre particular, mediante la primitiva *shm_open()*. En POSIX, los segmentos de memoria compartida actúan como archivos en memoria. Una vez abiertos, es necesario establecer el tamaño de los mismos mediante *ftruncate()* para, posteriormente, mapear el segmento al espacio de direcciones de memoria del usuario mediante la primitiva *mmap*.

A continuación se expondrán las primitivas POSIX necesarias para la gestión de segmentos de memoria compartida. Más adelante, se planteará un ejemplo concreto para compartir una variable entera.

Listado 2.7: Primitivas shm_open y shm_unlink en POSIX

```
1  #include <mman.h>
2
3  /* Devuelve el descriptor de archivo o -1 si error */
4  int shm_open(
5     const char *name, /* Nombre del segmento */
6     int oflag,        /* Flags */
7     mode_t mode       /* Permisos */
8  );
9
10 /* Devuelve 0 si todo correcto o -1 en caso de error */
11 int shm_unlink(
12    const char *name /* Nombre del segmento */
13 );
```

Recuerde que, cuando haya terminado de usar el descriptor del archivo, es necesario utilizar *close()* como si se tratara de cualquier otro descriptor de archivo.

Listado 2.8: Primitiva close

```
1  #include <unistd.h>
2
3  int close(
4      int fd /* Descriptor del archivo */
5  );
```

Después de crear un objeto de memoria compartida es necesario establecer de manera explícita su **longitud** mediante *ftruncate()*, ya que su longitud inicial es de cero bytes.

Listado 2.9: Primitiva ftruncate

```
1  #include <unistd.h>
2  #include <sys/types.h>
3
4  int ftruncate(
5      int fd,         /* Descriptor de archivo */
6      off_t length /* Nueva longitud */
7  );
```

A continuación, se ***mapea*** el objeto al espacio de direcciones del usuario mediante *mmap()*. El proceso inverso se realiza mediante la primitiva *munmap()*. La función *mmap()* se utiliza para la creación, consulta y modificación de valor almacena en el objeto de memoria compartida.

Listado 2.10: Primitiva mmap

```
1  #include <sys/mman.h>
2
3  void *mmap(
4      void *addr,      /* Dirección de memoria */
5      size_t length,  /* Longitud del segmento */
6      int prot,        /* Protección */
7      int flags,       /* Flags */
8      int fd,          /* Descriptor de archivo */
9      off_t offset     /* Desplazamiento */
10 );
11
12 int munmap(
13     void *addr,      /* Dirección de memoria */
14     size_t length /* Longitud del segmento */
15 );
```

Compartiendo un valor entero

En función del dominio del problema a resolver, el segmento u objeto de memoria compartida tendrá más o menos longitud. Por ejemplo, sería posible definir una estructura específica para un **tipo abstracto de datos** y crear un segmento de memoria compartida para que distintos procesos puedan modificar dicho segmento de manera concurrente. En otros problemas sólo será necesario utilizar un valor entero a compartir entre los procesos. La creación de un segmento de memoria para este último caso se estudiará a continuación.

Al igual que en el caso de los semáforos, se ha definido una **interfaz** para simplicar la manipulación de un valor entero compartido. Dicha interfaz facilita la creación, destrucción, modificación y consulta de un valor entero que puede ser compartido por múltiples procesos. Al igual que en el caso de los semáforos, la manipulación del valor entero se realiza mediante un esquema basado en nombres, es decir, se hacen uso de cadenas de caracteres para identificar los segmentos de memoria compartida.

Listado 2.11: Interfaz de gestión de un valor entero compartido

```
1  /* Crea un objeto de memoria compartida */
2  /* Devuelve el descriptor de archivo */
3  int crear_var (const char *name, int valor);
4
5  /* Obtiene el descriptor asociado a la variable */
6  int obtener_var (const char *name);
7
8  /* Destruye el objeto de memoria compartida */
9  void destruir_var (const char *name);
10
11 /* Modifica el valor del objeto de memoria compartida */
12 void modificar_var (int shm_fd, int valor);
13
14 /* Devuelve el valor del objeto de memoria compartida */
15 void consultar_var (int shm_fd, int *valor);
```

Resulta interesante resaltar que la función *consultar* almacena el valor de la consulta en la variable *valor*, pasada por referencia. Este esquema es más eficiente, evita la generación de copias en la propia función y facilita el proceso de *unmapping*.

En el listado de código 2.12 se muestra la implementación de la función *crear_var* cuyo objetivo es el de crear e inicializar un segmento de memoria compartida para un valor entero. Note cómo es necesario llevar a cabo el *mapping* del objeto de memoria compartida con el objetivo de asignarle un valor (en este caso un valor entero).

Posteriormente, es necesario establecer el tamaño de la variable compartida, mediante la función *ftruncate*, asignar de manera explícita el valor y, finalmente, realizar el proceso de *unmapping* mediante la función *munmap*.

Listado 2.12: Creación de un segmento de memoria compartida

```
1  int crear_var (const char *name, int valor) {
2    int shm_fd;
3    int *p;
4
5    /* Abre el objeto de memoria compartida */
6    shm_fd = shm_open(name, O_CREAT | O_RDWR, 0644);
7    if (shm_fd == -1) {
8      fprintf(stderr, "Error al crear la variable: %s\n", strerror(errno));
9      exit(EXIT_FAILURE);
10   }
11
12   /* Establecer el tamaño */
13   if (ftruncate(shm_fd, sizeof(int)) == -1) {
14     fprintf(stderr, "Error al truncar la variable: %s\n", strerror(errno));
15     exit(EXIT_FAILURE);
16   }
17
18   /* Mapeo del objeto de memoria compartida */
19   p = mmap(NULL, sizeof(int), PROT_READ | PROT_WRITE, MAP_SHARED, shm_fd, 0);
20   if (p == MAP_FAILED) {
21     fprintf(stderr, "Error al mapear la variable: %s\n", strerror(errno));
22     exit(EXIT_FAILURE);
23   }
24
25   *p = valor;
26   munmap(p, sizeof(int));
27
28   return shm_fd;
29 }
```

2.3. Problemas clásicos de sincronización

En esta sección se plantean algunos problemas clásicos de sincronización y se discuten posibles soluciones basadas en el uso de semáforos. En la mayor parte de ellos también se hace uso de segmentos de memoria compartida para compartir datos.

2.3.1. El buffer limitado

El problema del buffer limitado ya se presentó en la sección 1.2.1 y también se suele denominar el *problema del productor/consumidor*. Básicamente, existe un espacio de almacenamiento común limitado, es decir, dicho espacio consta de un conjunto finito de huecos que pueden contener o no elementos. Por una parte, los productores insertarán elementos en el buffer. Por otra parte, los consumidores los extraerán.

La primera cuestión a considerar es que se ha de controlar el acceso exclusivo a la **sección crítica**, es decir, al propio buffer. La segunda cuestión importante reside en controlar **dos situaciones**: i) no se puede insertar un elemento cuando el buffer está lleno y ii) no se puede extraer un elemento cuando el buffer está vacío. En estos dos casos, será necesario establecer un mecanismo para bloquear a los procesos correspondientes.

Sección crítica

Productor ⟶ ⟶ Consumidor

Figura 2.4: Esquema gráfico del problema del buffer limitado.

Para controlar el acceso exclusivo a la sección crítica se puede utilizar un semáforo binario, de manera que la primitiva *wait* posibilite dicho acceso o bloquee a un proceso que desee acceder a la sección crítica. Para controlar las dos situaciones anteriormente mencionadas, se pueden usar dos semáforos independientes que se actualizarán cuando se produzca o se consuma un elemento del buffer, respectivamente.

La solución planteada se basa en los siguientes elementos:

- **mutex**, semáforo binario que se utiliza para proporcionar exclusión mutua para el acceso al buffer de productos. Este semáforo se inicializa a 1.

- **empty**, semáforo contador que se utiliza para controlar el número de huecos vacíos del buffer. Este semáforo se inicializa a n, siendo n el tamaño del buffer.

- **full**, semáforo contador que se utiliza para controlar el número de huecos llenos del buffer. Este semáforo se inicializa a 0.

En esencia, los semáforos *empty* y *full* garantizan que no se puedan insertar más elementos cuando el buffer esté lleno o extraer más elementos cuando esté vacío, respectivamente. Por ejemplo, si el valor interno de *empty* es 0, entonces un proceso que ejecute *wait* sobre este semáforo se quedará bloqueado hasta que otro proceso ejecute *signal*, es decir, hasta que otro proceso produzca un nuevo elemento en el buffer.

La figura 2.5 muestra una posible solución, en pseudocódigo, del problema del buffer limitado. Note cómo el proceso *productor* ha de esperar a que haya algún hueco libre antes de producir un nuevo elemento, mediante la operación *wait(empty))*. El acceso al buffer se controla mediante *wait(mutex)*, mientras que la liberación se realiza con *signal(mutex)*. Finalmente, el *productor* indica que hay un nuevo elemento mediante *signal(empty)*.

Patrones de sincronización

En la solución planteada para el problema del buffer limitado se pueden extraer dos patrones básicos de sincronización con el objetivo de reusarlos en problemas similares.

```
while (1) {
    // Produce en nextP.
    wait (empty);
    wait (mutex);
    // Guarda nextP en buffer.
    signal (mutex);
    signal (full);
}
```

```
while (1) {
    wait (full);
    wait (mutex);
    // Rellenar nextC.
    signal (mutex);
    signal (empty);
    // Consume nextC.
}
```

Figura 2.5: Procesos productor y consumidor sincronizados mediante un semáforo.

Proceso A

```
wait(mutex);
    // Sección crítica
    cont = cont + 1;
signal(mutex);
```

Proceso B

```
wait(mutex);
    // Sección crítica
    cont = cont - 1;
signal(mutex);
```

Figura 2.6: Aplicación del patrón *mutex* para acceder a la variable compartida *cont*.

Uno de los patrones utilizados es el **patrón mutex** [5], que básicamente permite controlar el acceso concurrente a una variable compartida para que éste sea exclusivo. En este caso, dicha variable compartida es el buffer de elementos. El *mutex* se puede entender como la llave que pasa de un proceso a otro para que este último pueda proceder. En otras palabras, un proceso (o hilo) ha de tener acceso al *mutex* para poder acceder a la variable compartida. Cuando termine de trabajar con la variable compartida, entonces el proceso liberará el *mutex*.

El patrón *mutex* se puede implementar de manera sencilla mediante un semáforo binario. Cuando un proceso intente adquirir el *mutex*, entonces ejecutará *wait* sobre el mismo. Por el contrario, deberá ejecutar *signal* para liberarlo.

Por otra parte, en la solución del problema anterior también se ve reflejado un patrón de sincronización que está muy relacionado con uno de los principales usos de los semáforos: el **patrón señalización** [5]. Básicamente, este patrón se utiliza para que un proceso o hilo pueda notificar a otro que un determinado evento ha ocurrido. En otras palabras, el patrón *señalización* garantiza que una sección de código de un proceso se ejecute antes que otra sección de código de otro proceso, es decir, resuelve el problema de la **serialización**.

En el problema del buffer limitado, este patrón lo utiliza el consumidor para notificar que existe un nuevo *item* en el buffer, posibilitando así que el productor pueda obtenerlo, mediante el *wait* correspondiente sobre el semáforo *empty*.

Proceso A   Proceso B

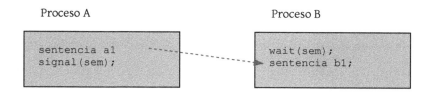

```
sentencia a1                                wait(sem);
signal(sem);                                sentencia b1;
```

Figura 2.7: Patrón *señalización* para la serialización de eventos.

2.3.2. Lectores y escritores

Suponga una estructura o una base de datos compartida por varios procesos concurrentes. Algunos de estos procesos simplemente tendrán que leer información, mientras que otros tendrán que actualizarla, es decir, realizar operaciones de lectura y escritura. Los primeros procesos se denominan lectores mientras que el resto serán escritores.

Si dos o más lectores intentan acceder de manera concurrente a los datos, entonces no se generará ningún problema. Sin embargo, un acceso simultáneo de un escritor y cualquier otro proceso, ya sea lector o escritor, generaría una **condición de carrera**.

El problema de los lectores y escritores se ha utilizado en innumerables ocasiones para probar distintas primitivas de sincronización y existen multitud de variaciones sobre el problema original. La **versión más simple** se basa en que ningún lector tendrá que esperar a menos que ya haya un escritor en la sección crítica. Es decir, ningún lector ha de esperar a que otros lectores terminen porque un proceso escritor esté esperando.

En otras palabras, un escritor no puede acceder a la sección crítica si alguien, ya sea lector o escritor, se encuentra en dicha sección. Por otra parte, mientras un escritor se encuentra en la sección crítica, ninguna otra entidad puede acceder a la misma. Desde otro punto de vista, mientras haya lectores, los escritores esperarán y, mientras haya un escritor, los lectores no leerán.

El número de lectores representa una variable compartida, cuyo acceso se deberá controlar mediante un semáforo binario aplicando, de nuevo, el patrón *mutex*. Por otra parte, es necesario modelar la sincronización existente entre los lectores y los escritores, es decir, habrá que considerar el tipo de proceso que quiere acceder a la sección crítica, junto con el estado actual, para determinar si un proceso puede acceder o no a la misma. Para ello, se puede utilizar un semáforo binario que gobierne el acceso a la sección crítica en función del tipo de proceso (escritor o lector), considerando la **prioridad de los lectores** frente a los escritores.

La solución planteada, cuyo pseudocódigo se muestra en la figura 2.8, hace uso de los siguientes elementos:

- **num_lectores**, una variable compartida, inicializada a 0, que sirve para contar el número de lectores que acceden a la sección crítica.

- **mutex**, un semáforo binario, inicializado a 1, que controla el acceso concurrente a *num_lectores*.

Proceso lector	Proceso escritor

```
wait(mutex);                              wait(acceso_esc);
  num_lectores++;                         /* SC: Escritura */
  if num_lectores == 1 then              /* ... */
    wait(acceso_esc);                    signal(acceso_esc);
signal(mutex);
/* SC: Lectura */
/* ... */
wait(mutex);
  num_lectores--;
  if num_lectores == 0 then
    signal(acceso_esc);
signal(mutex);
```

Figura 2.8: Pseudocódigo de los procesos lector y escritor.

- **acceso_esc**, un semáforo binario, inicializado a 1, que sirve para dar paso a los escritores.

En esta primera versión del problema se prioriza el acceso de los lectores con respecto a los escritores, es decir, si un lector entra en la sección crítica, entonces se dará prioridad a otros lectores que estén esperando frente a un escritor. La implementación garantiza esta prioridad debido a la última sentencia condicional del código del proceso lector, ya que sólo ejecutará *signal* sobre el semáforo *acceso_esc* cuando no haya lectores.

 Cuando un proceso se queda esperando una gran cantidad de tiempo porque otros procesos tienen prioridad en el uso de los recursos, éste se encuentra en una situación de inanición o *starvation*.

La solución planteada garantiza que no existe posibilidad de interbloqueo pero se da una situación igualmente peligrosa, ya que un escritor se puede quedar esperando indefinidamente en un estado de inanición (*starvation*) si no dejan de pasar lectores.

Priorizando escritores

En esta sección se plantea una modificación sobre la solución anterior con el objetivo de que, cuando un escritor llegue, los lectores puedan finalizar pero no sea posible que otro lector tenga prioridad sobre el escritor.

Para modelar esta variación sobre el problema original, será necesario contemplar de algún modo esta nueva prioridad de un escritor sobre los lectores que estén esperando para acceder a la sección crítica. En otras palabras, será necesario integrar algún tipo de mecanismo que priorice el **turno** de un escritor frente a un lector cuando ambos se encuentren en la sección de entrada.

Proceso lector

```
wait(turno);
signal(turno);
wait(mutex);
  num_lectores++;
  if num_lectores == 1 then
    wait(acceso_esc);
signal(mutex);
// SC: Lectura
// ...
wait(mutex);
  num_lectores--;
  if num_lectores == 0 then
    signal(acceso_esc);
signal(mutex);
```

Proceso escritor

```
wait(turno);
  wait(acceso_esc);
  // SC: Escritura
  // ...
signal(turno);
signal(acceso_esc);
```

Figura 2.9: Pseudocódigo de los lectores y escritores sin *starvation*.

Una posible solución consiste en añadir un semáforo *turno* que gobierne el acceso de los lectores de manera que los escritores puedan adquirirlo de manera previa. En la imagen 2.9 se muestra el pseudocódigo de los procesos lector y escritor, modificados a partir de la versión original.

Si un escritor se queda bloqueado al ejecutar *wait* sobre dicho semáforo, entonces forzará a futuros lectores a esperar. Cuando el último lector abandona la sección crítica, se garantiza que el siguiente proceso que entre será un escritor.

Como se puede apreciar en el proceso *escritor*, si un escritor llega mientras hay lectores en la sección crítica, el primero se bloqueará en la segunda sentencia. Esto implica que el semáforo *turno* esté cerrado, generando una barrera que encola al resto de lectores mientras el escritor sigue esperando.

Respecto al lector, cuando el último abandona y efectúa *signal* sobre *acceso_esc*, entonces el escritor que permanecía esperando se desbloquea. A continuación, el escritor entrará en su sección crítica debido a que ninguno de los otros lectores podrá avanzar debido a que *turno* los bloqueará.

Cuando el escritor termine realizando *signal* sobre *turno*, entonces otro lector u otro escritor podrá seguir avanzando. Así, esta solución garantiza que al menos un escritor continúe su ejecución, pero es posible que un lector entre mientras haya otros escritores esperando.

En función de la aplicación, puede resultar interesante dar prioridad a los escritores, por ejemplo si es crítico tener los datos continuamente actualizados. Sin embargo, en general, será el planificador, y no el programador el responsable de decidir qué proceso o hilo en concreto se desbloqueará.

¿Cómo modificaría la solución propuesta para garantizar que, cuando un escritor llegue, ningún lector pueda entrar en su sección crítica hasta que todos los escritores hayan terminado?

Patrones de sincronización

El problema de los lectores y escritores se caracteriza porque la presencia de un proceso en la sección crítica no excluye necesariamente a otros procesos. Por ejemplo, la existencia de un proceso lector en la sección crítica posibilita que otro proceso lector acceda a la misma. No obstante, note cómo el acceso a la variable compartida *num_lectores* se realiza de manera exclusiva mediante un *mutex*. Sin embargo, la presencia de una categoría, por ejemplo la categoría *escritor*, en la sección crítica sí que excluye el acceso de procesos de otro tipo de categoría, como ocurre con los lectores. Este patrón de exclusión se suele denominar **exclusión mutua categórica** [5].

Por otra parte, en este problema también se da una situación que se puede reproducir con facilidad en otros problemas de sincronización. Básicamente, esta situación consiste en que el primer proceso en acceder a una sección de código adquiera el semáforo, mientras que el último lo libera. Note cómo esta situación ocurre en el proceso lector. El nombre del patrón asociado a este tipo de situaciones es **lightswitch** o **interruptor** [5], debido a su similitud con un interruptor de luz (la primera persona lo activa o enciende mientras que la última lo desactiva o apaga).

Listado 2.13: Implementación del patrón interruptor

```
1   import threading
2   from threading import Semaphore
3
4   class Interruptor:
5       def __init__ (self):
6           self._contador = 0
7           self._mutex = Semaphore(1)
8
9       def activar (self, semaforo):
10          self._mutex.acquire()
11          self._contador += 1
12          if self._contador == 1:
13              semaforo.acquire()
14          self._mutex.release()
15
16      def desactivar (self, semaforo):
17          self._mutex.acquire()
18          self._contador -= 1
19          if self._contador == 0:
20              semaforo.release()
21          self._mutex.release()
```

En el caso de utilizar un enfoque orientado a objetos, este patrón se puede encapsular fácilmente mediante una clase, como se muestra en el siguiente listado de código.

Finalmente, el uso del semáforo *turno* está asociado a patrón **barrera** [5] debido a que la adquisición de *turno* por parte de un escritor crea una barrera para el resto de lectores, bloqueando el acceso a la sección crítica hasta que el escritor libere el semáforo mediante *signal*, es decir, hasta que levante la barrera.

2.3.3. Los filósofos comensales

Los filósofos se encuentran comiendo o pensando. Todos ellos comparten una mesa redonda con cinco sillas, una para cada filósofo. En el centro de la mesa hay una fuente de arroz y en la mesa sólo hay cinco palillos, de manera que cada filósofo tiene un palillo a su izquierda y otro a su derecha.

Cuando un filósofo piensa, entonces se abstrae del mundo y no se relaciona con otros filósofos. Cuando tiene hambre, entonces intenta acceder a los palillos que tiene a su izquierda y a su derecha (necesita ambos). Naturalmente, un filósofo no puede quitarle un palillo a otro filósofo y sólo puede comer cuando ha cogido los dos palillos. Cuando un filósofo termina de comer, deja los palillos y se pone a pensar.

Este problema es uno de los **problemas clásicos de sincronización** entre procesos, donde es necesario gestionar el acceso concurrente a los recursos compartidos, es decir, a los propios palillos. En este contexto, un palillo se puede entender como un recurso indivisible, es decir, en todo momento se encontrará en un estado de uso o en un estado de no uso.

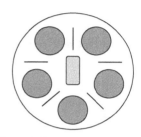

Figura 2.10: Representación gráfica del problema de los filósofos comensales. En este caso concreto, cinco filósofos comparten cinco palillos.

La solución planteada en el listado 2.14 se basa en representar cada palillo con un semáforo inicializado a 1. De este modo, un filósofo que intente hacerse con un palillo tendrá que ejecutar *wait* sobre el mismo, mientras que ejecutará *signal* para liberarlo (ver listado siguiente). Recuerde que un filósofo sólo puede acceder a los palillos adyacentes al mismo. Aunque la solución planteada garantiza que dos filósofos que estén sentados uno al lado del otro nunca coman juntos, es posible que el sistema alcance una situación de interbloqueo. Por ejemplo, suponga que todos los filósofos cogen el palillo situado a su izquierda. En ese momento, todos los semáforos asociados estarán a 0, por lo que ningún filósofo podrá coger el palillo situado a su derecha.

Listado 2.14: Solución del problema de los filósofos comensales con riesgo de interbloqueo

```
1  while (1) {
2      // Pensar
3      wait(palillos[i]);
4      wait(palillos[(i + 1) % 5]);
5      // Comer
6      signal(palillos[i]);
7      signal(palillos[(i + 1) % 5]);
8
9  }
```

Evitando el interbloqueo

Una de las modificaciones más directas para evitar un interbloqueo en la versión clásica del problema de los filósofos comensales es limitar el **número de filósofos a cuatro**. De este modo, si sólo hay cuatro filósofos, entonces en el peor caso todos cogerán un palillo pero siempre quedará un palillo libre. En otras palabras, si dos filósofos vecinos ya tienen un palillo, entonces al menos uno de ellos podrá utilizar el palillo disponible para empezar a comer.

Figura 2.11: Problema de los filósofos con cuatro comensales en la mesa.

El número de filósofos de la mesa se puede controlar con un semáforo contador, inicializado a dicho número. A continuación se muestra el pseudocódigo de una posible solución a esta variante del problema de los filósofos comensales. Como se puede apreciar, el semáforo *sirviente* gobierna el acceso a los palillos.

Listado 2.15: Solución del problema de los filósofos comensales sin riesgo de interbloqueo

```
1  while (1) {
2      // Pensar
3      wait(sirviente);
4          wait(palillos[i]);
5          wait(palillos[(i + 1) % 5]);
6          // Comer
7          signal(palillos[i]);
8          signal(palillos[(i + 1) % 5]);
9      signal(sirviente);
10
11  }
```

Además de evitar el *deadlock*, esta solución garantiza que ningún filósofo se muera de hambre. Para ello, imagine la situación en la que los dos vecinos de un filósofo están comiendo, de manera que este último está bloqueado por ambos. Eventualmente, uno de los dos vecinos dejará su palillo. Debido a que el filósofo que se encontraba bloqueado era el único que estaba esperando a que el palillo estuviera libre, entonces lo cogerá. Del mismo modo, el otro palillo quedará disponible en algún instante.

Otra posible modificación, propuesta en el libro de A.S. Tanenbaum *Sistemas Operativos Modernos* [15], para evitar la posibilidad de interbloqueo consiste en permitir que un filósofo coja sus palillos si y sólo si **ambos palillos están disponibles**. Para ello, un filósofo deberá obtener los palillos dentro de una sección crítica. En la figura 2.12 se muestra el pseudocódigo de esta posible modificación, la cual incorpora un array de enteros, denominado *estado* compartido entre los filósofos, que refleja el estado de cada uno de ellos. El acceso a dicho array ha de protegerse mediante un semáforo binario, denominado *mutex*.

Proceso filósofo i

```
#define N 5
#define IZQ (i-1) % 5
#define DER (i+1) % 5

int estado[N];
sem_t mutex;
sem_t sem[N];

void filosofo (int i) {
  while (1) {
    pensar();
    coger_palillos(i);
    comer();
    dejar_palillos(i);
  }
}
```

```
void coger_palillos (int i) {
  wait(mutex);
    estado[i] = HAMBRIENTO;
    prueba(i);
  signal(mutex);
  wait(sem[i]);
}

void dejar_palillos (int i) {
  wait(mutex);
    estado[i] = PENSANDO;
    prueba(i - 1);
    prueba(i + 1);
  signal(mutex)
}
```

```
void prueba (int i) {
  if (estado[i] == HAMBRIENTO &&)
      estado[izq] != COMIENDO &&
      estado[der] != COMIENDO) {
    estado[i] = COMIENDO;
    signal(sem[i]);
  }
}
```

Figura 2.12: Pseudocódigo de la solución del problema de los filósofos comensales sin interbloqueo.

La principal diferencia con respecto al planteamiento anterior es que el array de semáforos actual sirve para gestionar el estado de los filósofos, en lugar de gestionar los palillos. Note cómo la función *coger_palillos()* comprueba si el filósofo *i* puede coger sus dos palillos adyacentes mediante la función *prueba()*.

La función *dejar_palillos()* está planteada para que el filósofo *i* compruebe si los filósofos adyacentes están hambrientos y no se encuentran comiendo.

Note que tanto para acceder al estado de un filósofo como para invocar a *prueba()*, un proceso ha de adquirir el *mutex*. De este modo, la operación de comprobar y actualizar el array se transforma en **atómica**. Igualmente, no es posible entrar en una situación de interbloqueo debido a que el único semáforo accedido por más de un filósofo es *mutex* y ningún filósofo ejecuta *wait* con el semáforo adquirido.

Compartiendo el arroz

Una posible variación del problema original de los filósofos comensales consiste en suponer que los filósofos comerán directamente de una **bandeja situada en el centro** de la mesa. Para ello, los filósofos disponen de cuatro palillos que están dispuestos al lado de la bandeja. Así, cuando un filósofo quiere comer, entonces tendrá que coger un par de palillos, comer y, posteriormente, dejarlos de nuevo para que otro filósofo pueda comerlos. La figura 2.13 muestra de manera gráfica la problemática planteada.

Esta variación admite varias soluciones. Por ejemplo, se podría utilizar un esquema similar al discutido en la solución anterior en la que se evitaba el interbloqueo. Es decir, se podría pensar una solución en la que se comprobara, de manera explícita, si un filósofo puede coger dos palillos, en lugar de coger uno y luego otro, antes de comer.

Sin embargo, es posible plantear una solución más simple y elegante ante esta variación. Para ello, se puede utilizar un **semáforo contador** inicializado a 2, el cual representa los pares de palillos disponibles para los filósofos. Este semáforo *palillos* gestiona el acceso concurrente de los filósofos a la bandeja de arroz.

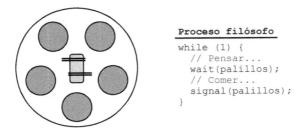

```
Proceso filósofo
while (1) {
    // Pensar...
    wait(palillos);
    // Comer...
    signal(palillos);
}
```

Figura 2.13: Variación con una bandeja al centro del problema de los filósofos comensales. A la izquierda se muestra una representación gráfica, mientras que a la derecha se muestra una posible solución en pseudocódigo haciendo uso de un semáforo contador.

```
wait(multiplex);
    // Sección crítica
signal(multiplex);
```

Figura 2.14: Patrón *multiplex* para el acceso concurrente de múltiples procesos.

Patrones de sincronización

La primera solución sin interbloqueo del problema de los filósofos comensales y la solución a la variación con los palillos en el centro comparten una característica. En ambas soluciones se ha utilizado un semáforo contador que posibilita el acceso concurrente de varios procesos a la sección crítica.

En el primer caso, el semáforo *sirviente* se inicializaba a 4 para permitir el acceso concurrente de los filósofos a la sección crítica, aunque luego compitieran por la obtención de los palillos a nivel individual.

En el segundo caso, el semáforo *palillos* se inicializaba a 2 para permitir el acceso concurrente de dos procesos *filósofo*, debido a que los filósofos disponían de 2 pares de palillos.

Este tipo de soluciones se pueden encuadrar dentro de la aplicación del patrón **multiplex** [5], mediante el uso de un semáforo contador cuya inicialización determina el número máximo de procesos que pueden acceder de manera simultánea a una sección de código. En cualquier otro momento, el valor del semáforo representa el número de procesos que pueden entrar en dicha sección.

Si el semáforo alcanza el valor 0, entonces el siguiente proceso que ejecute *wait* se bloqueará. Por el contrario, si todos los procesos abandonan la sección crítica, entonces el valor del semáforo volverá a n.

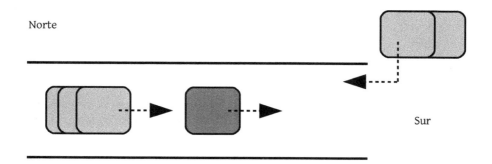

Figura 2.15: Esquema gráfico del problema del puente de un solo carril.

2.3.4. El puente de un solo carril

Suponga un puente que tiene una carretera con un único carril por el que los coches pueden circular en un sentido o en otro. La anchura del carril hace imposible que dos coches puedan pasar de manera simultánea por el puente. El protocolo utilizado para atravesar el puente es el siguiente:

- Si no hay ningún coche circulando por el puente, entonces el primer coche en llegar cruzará el puente.

- Si un coche está atravesando el puente de norte a sur, entonces los coches que estén en el extremo norte del puente tendrán prioridad sobre los que vayan a cruzarlo desde el extremo sur.

- Del mismo modo, si un coche se encuentra cruzando de sur a norte, entonces los coches del extremo sur tendrán prioridad sobre los del norte.

En este problema, el puente se puede entender como el recurso que comparten los coches de uno y otro extremo, el cual les permite continuar con su funcionamiento habitual. Sin embargo, los coches se han de sincronizar para acceder a dicho puente.

Por otra parte, en la solución se ha de contemplar la cuestión de la prioridad, es decir, es necesario tener en cuenta que si, por ejemplo, mientras un coche del norte esté en el puente, entonces si vienen más coches del norte podrán circular por el puente. Es decir, un coche que *adquiere* el puente habilita al resto de coches del norte a la hora de cruzarlo, manteniendo la preferencia con respecto a los coches que, posiblemente, estén esperando en el sur.

Por lo tanto, es necesario controlar, de algún modo, el número de coches en circulación desde ambos extremos. Si ese número llega a 0, entonces los coches del otro extremo podrán empezar a circular.

Una posible solución manejaría los siguientes elementos:

- **Puente**, un semáforo binario que gestiona el acceso al mismo.

- **CochesNorte**, una variable entera compartida para almacenar el número de coches que circulan por el puente, en un determinado instante del tiempo, desde el extremo norte.

- **MutexN**, un semáforo binario que permite controlar el acceso exclusivo a *Coches-Norte*.

- **CochesSur**, una variable entera compartida para almacenar el número de coches que circulan por el puente, en un determinado instante del tiempo, desde el extremo sur.

- **MutexS**, un semáforo binario que permite controlar el acceso exclusivo a *Coches-Sur*.

En el siguiente listado se muestra el pseudocódigo de una posible solución al problema del puente de un solo carril. Básicamente, si un coche viene del extremo norte, y es el primero, entonces intenta acceder al puente (líneas 2-4) invocando a *wait* sobre el semáforo *puente*.

Si el puente no estaba ocupado, entonces podrá cruzarlo, decrementando el semáforo *puente* a 0 y bloqueando a los coches del sur. Cuando lo haya cruzado, decrementará el contador de coches que vienen del extremo norte. Para ello, tendrá que usar el semáforo binario *mutexN*. Si la variable *cochesNorte* llega a 0, entonces liberará el puente mediante *signal* (línea 11).

Este planteamiento se aplica del mismo modo a los coches que provienen del extremo sur, cambiando los semáforos y la variable compartida.

Listado 2.16: Proceso CocheNorte

```
1  wait(mutexN);
2    cochesNorte++;
3    if cochesNorte == 1 then
4      wait(puente);
5  signal(mutexN);
6  /* SC: Cruzar el puente */
7  /* ... */
8  wait(mutexN);
9    cochesNorte--;
10   if cochesNorte == 0 then
11     signal(puente);
12 signal(mutexN);
```

El anexo A contiene una solución completa de este problema de sincronización. La implementación de *coche* es genérica, es decir, independiente de si parte del extremo norte o del extremo sur. La información necesaria para su correcto funcionamiento (básicamente el nombre de los semáforos y las variables de memoria compartida) se envía desde el proceso *manager* (el que ejecuta la primitiva *execl()*).

2.3.5. El barbero dormilón

El problema original de la barbería fue propuesto por Dijkstra, aunque comúnmente se suele conocer como el problema del barbero dormilón. El enunciado de este problema clásico de sincronización se expone a continuación.

La barbería tiene una sala de espera con n sillas y la habitación del barbero tiene una única silla en la que un cliente se sienta para que el barbero trabaje. Si no hay clientes, entonces el barbero se duerme. Si un cliente entra en la barbería y todas las sillas están ocupadas, es decir, tanto la del barbero como las de la sala de espera, entonces el cliente se marcha. Si el barbero está ocupado pero hay sillas disponibles, entonces el cliente se sienta en una de ellas. Si el barbero está durmiendo, entonces el cliente lo despierta.

Para abordar este problema clásico se describirán algunos pasos que pueden resultar útiles a la hora de enfrentarse a un problema de sincronización entre procesos. En cada uno de estos pasos se discutirá la problemática particular del problema de la barbería.

1. **Identificación de procesos**, con el objetivo de distinguir las distintas entidades que forman parte del problema. En el caso del barbero dormilón, estos procesos son el *barbero* y los *clientes*. Típicamente, será necesario otro proceso *manager* encargado del lanzamiento y gestión de los procesos específicos de dominio.

2. **Agrupación en clases** o trozos de código, con el objetivo de estructurar a nivel de código la solución planteada. En el caso del barbero, el código se puede estructurar de acuerdo a la identificación de procesos.

3. **Identificación de recursos compartidos**, es decir, identificación de aquellos elementos compartidos por los procesos. Será necesario asociar herramientas de sincronización para garantizar el correcto acceso a dichos recursos. Por ejemplo, se tendrá que usar un semáforo para controlar el acceso concurrente al número de sillas.

4. **Identificación de eventos de sincronización**, con el objetivo de delimitar qué eventos tienen que ocurrir obligatoriamente antes que otros. Por ejemplo, antes de poder actuar, algún cliente ha de despertar al barbero. Será necesario asociar herramientas de sincronización para controlar dicha sincronización. Por ejemplo, se podría pensar en un semáforo binario para que un cliente despierte al barbero.

5. **Implementación**, es decir, codificación de la solución planteada utilizando algún lenguaje de programación. Por ejemplo, una alternativa es el uso de los mecanismos que el estándar POSIX define para la manipulación de mecanismos de sincronización y de segmentos de memoria compartida.

En el caso particular del problema del barbero dormilón se distinguen claramente dos **recursos compartidos**:

- **Las sillas**, compartidas por los clientes en la sala de espera.

- **El sillón**, compartido por los clientes que compiten para ser atendidos por el barbero.

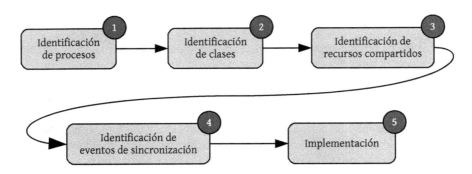

Figura 2.16: Secuencia de pasos para diseñar una solución ante un problema de sincronización.

Para modelar las sillas se ha optado por utilizar un **segmento de memoria compartida** que representa una variable entera. Con dicha variable se puede controlar fácilmente el número de clientes que se encuentran en la barbería, modelando la situación específica en la que todas las sillas están ocupadas y, por lo tanto, el cliente ha de marcharse. La variable denominada *num_clientes* se inicializa a 0. El acceso a esta variable ha de ser exclusivo, por lo que una vez se utiliza el patrón *mutex*.

Otra posible opción hubiera sido un semáforo contador inicializado al número inicial de sillas libres en la sala de espera de la barbería. Sin embargo, si utilizamos un semáforo no es posible modelar la restricción que hace que un cliente abandone la barbería si no hay sillas libres. Con un semáforo, el cliente se quedaría bloqueado hasta que hubiese un nuevo hueco. Por otra parte, para modelar el recurso compartido representado por el sillón del barbero se ha optado por un **semáforo binario**, denominado *sillón*, con el objetivo de garantizar que sólo pueda haber un cliente sentado en él.

Respecto a los **eventos de sincronización**, en este problema existe una interacción directa entre el cliente que pasa a la sala del barbero, es decir, el proceso de *despertar* al barbero, y la notificación del barbero al cliente cuando ya ha terminado su trabajo. El primer evento se ha modelado mediante un semáforo binario denominado *barbero*, ya que está asociado al proceso de despertar al barbero por parte de un cliente. El segundo evento se ha modelado, igualmente, con otro semáforo binario denominado *fin*, ya que está asociado al proceso de notificar el final del trabajo a un cliente por parte del barbero. Ambos semáforos se inicializan a 0.

En la figura 2.17 se muestra el pseudocódigo de una posible solución al problema del barbero dormilón. Como se puede apreciar, la parte relativa al **proceso *barbero*** es trivial, ya que éste permanece de manera pasiva a la espera de un nuevo cliente, es decir, permanece bloqueado mediante *wait* sobre el semáforo *barbero*. Cuando terminado de cortar, el barbero notificará dicha finalización al cliente mediante *signal* sobre el semáforo *fin*. Evidentemente, el cliente estará bloqueado por *wait*.

Proceso cliente	Proceso barbero
1. si no sillas libres,	1. dormir
1.1 marcharse	2. despertar
2. si hay sillas libres,	3. cortar
2.1 sentarse	4. notificar fin
2.2 esperar sillón	5. volver a 1
2.3 levantarse silla	
2.4 ocupar sillón	
2.5 despertar barbero	
2.6 esperar fin	
2.7 levantarse sillón	

```
wait(mutex);                              while (1) {
  if num_clientes == N then                 wait(barbero);
    signal(mutex);                          cortar();
    return;                                 signal(fin);
  num_clientes++;                         }
signal(mutex);

wait(sillón);
  wait(mutex);
    num_clientes--;
  signal(mutex);

  signal(barbero);
  wait(fin);
signal(sillón);
```

Figura 2.17: Pseudocódigo de la solución al problema del barbero dormilón.

El pseudocódigo del **proceso *cliente*** es algo más complejo, ya que hay que controlar si un cliente puede o no pasar a la sala de espera. Para ello, en primer lugar se ha de comprobar si todas las sillas están ocupadas, es decir, si el valor de la variable compartida *num_clientes* a llegado al máximo, es decir, a las N sillas que conforman la sala de espera. En tal caso, el cliente habrá de abandonar la barbería. Note cómo el acceso a *num_clientes* se gestiona mediante *mutex*.

Si hay alguna silla disponible, entonces el cliente esperará su turno. En otras palabras, esperará el acceso al sillón del barbero. Esta situación se modela ejecutando *wait* sobre el semáforo *sillón*. Si un cliente se sienta en el sillón, entonces deja una silla disponible.

A continuación, el cliente sentado en el sillón despertará al barbero y esperará a que éste termine su trabajo. Finalmente, el cliente abandonará la barbería liberando el sillón para el siguiente cliente (si lo hubiera).

Proceso A

```
sentencia a1
sentencia a2
```

Proceso B

```
sentencia b1;
sentencia b2;
```

Figura 2.18: Patrón *rendezvous* para la sincronización de dos procesos en un determinado punto.

Patrones de sincronización

La solución planteada para el problema del barbero dormilón muestra el uso del patrón *señalización* para sincronizar tanto al cliente con el barbero como al contrario. Esta generalización se puede asociar al patrón **rendezvous** [5], debido a que el problema de sincronización que se plantea se denomina con ese término. Básicamente, la idea consiste en sincronizar dos procesos en un determinado punto de ejecución, de manera que ninguno puede avanzar hasta que los dos han llegado.

En la figura 2.18 se muestra de manera gráfica esta problemática en la que se desea garantizar que la sentencia a1 se ejecute antes que b2 y que b1 ocurra antes que a2. Note cómo, sin embargo, no se establecen restricciones entre las sentencias a1 y b1, por ejemplo.

Por otra parte, en la solución también se refleja una situación bastante común en problemas de sincronización: la llegada del valor de una variable compartida a un determinado límite o umbral. Este tipo de situaciones se asocia al patrón *scoreboard* o **marcador** [5].

2.3.6. Los caníbales comensales

En una tribu de caníbales todos comen de la misma olla, la cual puede albergar N raciones de *comida*. Cuando un caníbal quiere comer, simplemente se sirve de la olla común, a no ser que esté vacía. En ese caso, el caníbal despierta al cocinero de la tribu y espera hasta que éste haya rellenado la olla.

En este problema, los **eventos de sincronización** son dos:

- Si un caníbal que quiere comer se encuentra con la olla vacía, entonces se lo notifica al cocinero para que éste cocine.

- Cuando el cocinero termina de cocinar, entonces se lo notifica al caníbal que lo despertó previamente.

Un posible planteamiento para solucionar este problema podría girar en torno al uso de un semáforo que controlara el número de raciones disponibles en un determinado momento (de manera similar al problema del buffer limitado). Sin embargo, este planteamiento no facilita la notificación al cocinero cuando la olla esté vacía, ya que no es deseable acceder al valor interno de un semáforo y, en función del mismo, actuar de una forma u otra.

Una alternativa válida consiste en utilizar el patrón **marcador** para controlar el número de raciones de la olla mediante una variable compartida. Si ésta alcanza el valor de 0, entonces el caníbal podría despertar al cocinero.

La sincronización entre el caníbal y el cocinero se realiza mediante **rendezvous**:

1. El caníbal intenta obtener una ración.

2. Si no hay raciones en la olla, el caníbal despierta al cocinero.

3. El cocinero cocina y rellena la olla.

4. El cocinero notifica al caníbal.

5. El caníbal come.

La solución planteada hace uso de los siguientes elementos:

- **Num_Raciones**, variable compartida que contiene el número de raciones disponibles en la olla en un determinado instante de tiempo.

- **Mutex**, semáforo binario que controla el acceso a *Num_Raciones*.

- **Empty**, que controla cuando la olla se ha quedado vacía.

- **Full**, que controla cuando la olla está llena.

En el listado 2.17 se muestra el pseudocódigo del proceso **cocinero**, el cual es muy simple ya que se basa en esperar la llamada del caníbal, cocinar y notificar de nuevo al caníbal.

Listado 2.17: Proceso Cocinero

```
1  while (1) {
2    wait_sem(empty);
3    cocinar();
4    signal_sem(full);
5  }
```

El pseudocódigo del proceso **caníbal** es algo más complejo, debido a que ha de consultar el número de raciones disponibles en la olla antes de comer.

Como se puede apreciar, el proceso caníbal comprueba el número de raciones disponibles en la olla (línea ④). Si no hay, entonces despierta al cocinero (línea ⑤) y espera a que éste rellene la olla (línea ⑥). Estos dos eventos de sincronización guían la evolución de los procesos involucrados.

Note cómo el proceso *caníbal* modifica el número de raciones asignando un valor constante. El lector podría haber optado porque fuera el cocinero el que modificara la variable, pero desde un punto de vista práctico es más eficiente que lo haga el caníbal, ya que tiene adquirido el acceso a la variable mediante el semáforo *mutex* (líneas ② y ⑫).

Listado 2.18: Proceso Caníbal

```
1  while (1) {
2    wait(mutex);
3
4    if (num_raciones == 0) {
5        signal(empty);
6        wait(full);
7        num_raciones = N;
8    }
9
10   num_raciones--;
11
12   signal(mutex);
13
14   comer();
15  }
```

Posteriormente, el caníbal decrementa el número de raciones (línea 12) e invierte un tiempo en comer (línea 14).

2.3.7. El problema de Santa Claus

Santa Claus pasa su tiempo de descanso, durmiendo, en su casa del Polo Norte. Para poder despertarlo, se ha de cumplir una de las dos condiciones siguientes:

1. Que todos los renos de los que dispone, nueve en total, hayan vuelto de vacaciones.

2. Que algunos de sus duendes necesiten su ayuda para fabricar un juguete.

Para permitir que Santa Claus pueda descansar, los duendes han acordado despertarle si tres de ellos tienen problemas a la hora de fabricar un juguete. En el caso de que un grupo de tres duendes estén siendo ayudados por Santa, el resto de los duendes con problemas tendrán que esperar a que Santa termine de ayudar al primer grupo.

En caso de que haya duendes esperando y todos los renos hayan vuelto de vacaciones, entonces Santa Claus decidirá preparar el trineo y repartir los regalos, ya que su entrega es más importante que la fabricación de otros juguetes que podría esperar al año siguiente. El último reno en llegar ha de despertar a Santa mientras el resto de renos esperan antes de ser enganchados al trineo.

Para **solucionar** este problema, se pueden distinguir tres procesos básicos: i) Santa Claus, ii) duende y iii) reno. Respecto a los recursos compartidos, es necesario controlar el número de duendes que, en un determinado momento, necesitan la ayuda de Santa y el número de renos que, en un determinado momento, están disponibles. Evidentemente, el acceso concurrente a estas variables ha de estar controlado por un semáforo binario.

Respecto a los **eventos de sincronización**, será necesario disponer de mecanismos para despertar a Santa Claus, notificar a los renos que se han de enganchar al trineo y controlar la espera por parte de los duendes cuando otro grupo de duendes esté siendo ayudado por Santa Claus.

En resumen, se utilizarán las siguientes estructuras para plantear la solución del problema:

- **Duendes**, variable compartida que contiene el número de duendes que necesitan la ayuda de Santa en un determinado instante de tiempo.

- **Renos**, variable compartida que contiene el número de renos que han vuelto de vacaciones y están disponibles para viajar.

- **Mutex**, semáforo binario que controla el acceso a *Duendes* y *Renos*.

- **SantaSem**, semáforo binario utilizado para despertar a Santa Claus.

- **RenosSem**, semáforo contador utilizado para notificar a los renos que van a emprender el viaje en trineo.

- **DuendesSem**, semáforo contador utilizado para notificar a los duendes que Santa los va a ayudar.

- **DuendesMutex**, semáforo binario para controlar la espera de duendes cuando Santa está ayudando a otros.

En el listado 2.19 se muestra el pseudocódigo del proceso **Santa Claus**. Como se puede apreciar, Santa está durmiendo a la espera de que lo despierten (línea ③). Si lo despiertan, será porque los duendes necesitan su ayuda o porque todos los renos han vuelto de vacaciones. Por lo tanto, Santa tendrá que comprobar cuál de las dos condiciones se ha cumplido.

Listado 2.19: Proceso Santa Claus

```
1  while (1) {
2    /* Espera a ser despertado */
3    wait(santa_sem);
4
5    wait(mutex);
6
7    /* Todos los renos preparados? */
8    if (renos == TOTAL_RENOS) {
9      prepararTrineo();
10     /* Notificar a los renos... */
11     for (i = 0; i < TOTAL_RENOS; i++) {
12       signal(renos_sem);
13     }
14   }
15   else {
16     if (duendes == NUM_DUENDES_GRUPO) {
17       ayudarDuendes();
18       /* Notificar a los duendes... */
19       for (i = 0; i < NUM_DUENDES_GRUPO; i++) {
20         signal(duendes_sem);
21       }
22     }
23   }
24
25   signal(mutex);
26 }
```

Si todos los renos están disponibles (línea ⑧), entonces Santa preparará el trineo y notificará a todos los renos (líneas ⑨-⑫). Note cómo tendrá que hacer tantas notificaciones (*signal*) como renos haya disponibles. Si hay suficientes duendes para que sean ayudados (líneas ⑮-²⁰), entonces Santa los ayudará, notificando esa ayuda de manera explícita (*signal*) mediante el semáforo *DuendesSem*.

El proceso **reno** es bastante sencillo, ya que simplemente despierta a Santa cuando todos los renos estén disponibles y, a continuación, esperar la notificación de Santa. Una vez más, el acceso a la variable compartida *renos* se controla mediante el semáforo binario *mutex*.

Listado 2.20: Proceso reno

```
1   vacaciones();
2
3   wait(mutex);
4
5   renos += 1;
6   /* Todos los renos listos? */
7   if (renos == TOTAL_RENOS) {
8       signal(santa_sem);
9   }
10
11  signal(mutex);
12
13  /* Esperar la notificación de Santa */
14  wait(renos_sem);
15  engancharTrineo();
```

Finalmente, en el proceso **duende** se ha de controlar la formación de grupos de duendes de tres componentes antes de despertar a Santa (línea ⑥). Si se ha alcanzado el número mínimo para poder despertar a Santa, entonces se le despierta mediante *signal* sobre el semáforo *SantaSem* (línea ⑦). Si no es así, es decir, si otro duende necesita ayuda pero no se ha llegado al número mínimo de duendes para despertar a Santa, entonces el semáforo *DuendesMutex* se libera (línea ⑨).

El duende invocará a *obtenerAyuda* y esperará a que Santa notifique dicha ayuda mediante *DuendesSem*. Note cómo después de solicitar ayuda, el duende queda a la espera de la notificación de Santa.

Listado 2.21: Proceso duende

```
 1  wait(duendes_mutex);
 2  wait(mutex);
 3
 4  duendes += 1;
 5  /* Está completo el grupo de duendes? */
 6  if (duendes == NUM_DUENDES_GRUPO) {
 7    signal(santa_sem);
 8  }
 9  else {
10    signal(duendes_mutex);
11  }
12
13  signal(mutex);
14
15  wait(duendes_sem);
16  obteniendoAyuda();
17
18  wait(mutex);
19
20  duendes -= 1;
21  /* Nuevo grupo de duendes? */
22  if (duendes == 0) {
23    signal(duendes_mutex);
24  }
25
26  signal(mutex);
```

Capítulo **3**

Paso de Mensajes

E n este capítulo se discute el concepto de **paso de mensajes** como mecanismo básico de sincronización entre procesos. Al contrario de lo que ocurre con los semáforos, el paso de mensajes ya maneja, de manera implícita, el intercambio de información entre procesos, sin tener que recurrir a otros elementos como por ejemplo el uso de segmentos de memoria compartida.

El paso de mensajes está orientado a los sistemas distribuidos y la sincronización se alcanza mediante el uso de dos primitivas básicas: i) el envío y ii) la recepción de mensajes. Así, es posible establecer esquemas basados en la recepción bloqueante de mensajes, de manera que un proceso se quede bloqueado hasta que reciba un mensaje determinado.

Además de discutir los conceptos fundamentales de este mecanismo de sincronización, en este capítulo se estudian las primitivas POSIX utilizadas para establecer un sistema de paso de mensajes mediante las denominadas **colas de mensajes POSIX** (*POSIX Message Queues*).

Finalmente, este capítulo plantea algunos problemas clásicos de sincronización en los que se utiliza el paso de mensajes para obtener una solución que gestione la ejecución concurrente de los mismos y el problema de la sección crítica, estudiado en el capítulo 1.

3.1. Conceptos básicos

Dentro del ámbito de la programación concurrente, el paso de mensajes representa un mecanismo básico de comunicación entre procesos basado, principalmente, en el envío y recepción de mensajes.

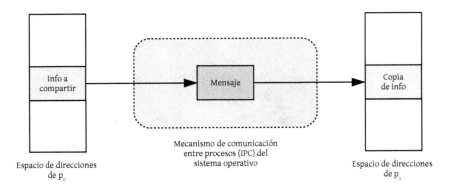

Figura 3.1: Uso de mensajes para compartir información entre procesos.

En realidad, el paso de mensajes representa una abstracción del concepto de comunicación que manejan las personas, representado por mecanismos concretos como por ejemplo el correo electrónico. La **comunicación entre procesos** (*InterProcess Communication*, IPC) se basa en esta filosofía. El proceso emisor genera un mensaje como un bloque de información que responde a un determinado formato. El sistema operativo copia el mensaje del espacio de direcciones del emisor en el espacio de direcciones del proceso receptor, tal y como se muestra en la figura 3.1.

En el contexto del paso de mensajes, es importante recordar que un emisor no puede copiar información, directamente, en el espacio de direcciones de otro proceso receptor. En realidad, esta posibilidad está reservada para el software en modo *supervisor* del sistema operativo.

En su lugar, el proceso emisor pide que el sistema operativo entregue un mensaje en el espacio de direcciones del proceso receptor utilizando, en algunas situaciones, el identificador único o PID del proceso receptor. Así, el sistema operativo hace uso de ciertas operaciones de copia para alcanzar este objetivo: i) recupera el mensaje del espacio de direcciones del emisor, ii) lo coloca en un buffer del sistema operativo y iii) copia el mensaje de dicho buffer en el espacio de direcciones del receptor.

A diferencia de lo que ocurre con los sistemas basados en el uso de semáforos y segmentos de memoria compartida, en el caso de los sistemas en paso de mensajes el sistema operativo facilita los mecanismos de comunicación y sincronización sin necesidad de utilizar objetos de memoria compartida. En otras palabras, el paso de mensajes permite que los procesos se envíen información y, al mismo tiempo, se sincronicen.

Desde un punto de vista general, los sistemas de paso de mensajes se basan en el uso de dos **primitivas de comunicación**:

- **Envío** (*send*), que permite el envío de información por parte de un proceso.

- **Recepción** (*receive*), que permite la recepción de información por parte de un proceso.

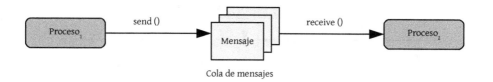

Figura 3.2: Esquema de paso de mensajes basado en el uso de colas o buzones de mensajes.

Típicamente, y como se discutirá en la sección 3.1.3, la **sincronización** se suele plantear en términos de llamadas bloqueantes, cuya principal implicación es el bloqueo de un proceso hasta que se satisfaga una cierta restricción (por ejemplo, la recepción de un mensaje).

3.1.1. El concepto de buzón o cola de mensajes

Teniendo en cuenta la figura 3.1, el lector podría pensar que el envío de un mensaje podría modificar el espacio de direcciones de un proceso receptor de manera espontánea sin que el propio receptor estuviera al corriente. Esta situación se puede evitar si no se realiza una copia en el espacio de direcciones del proceso receptor hasta que éste no la solicite de manera explícita (mediante una primitiva de recepción).

Ante esta problemática, el sistema operativo puede almacenar mensajes de entrada en una cola o buzón de mensajes que actúa como buffer previo a la copia en el espacio de direcciones del receptor. La figura 3.2 muestra de manera gráfica la comunicación existente entre dos procesos mediante el uso de un buzón o **cola de mensajes**.

3.1.2. Aspectos de diseño en sistemas de mensajes

En esta sección se discuten algunos aspectos de diseño [13] que marcan el funcionamiento básico de un sistema basado en mensajes. Es muy importante conocer qué mecanismo de sincronización se utilizará a la hora de manejar las primitivas *send* y *receive*, con el objetivo de determinar si las llamadas a dichas primitivas serán bloqueantes.

Sincronización

La comunicación de un mensaje entre dos procesos está asociada a un nivel de sincronización ya que, evidentemente, un proceso A no puede recibir un mensaje hasta que otro proceso B lo envía. En este contexto, se plantea la necesidad de asociar un comportamiento a un proceso cuando envía y recibe un mensaje.

Por ejemplo, cuando un proceso recibe un mensaje mediante una primitiva de **recepción**, existen dos posibilidades:

- Si el mensaje ya fue enviado por un proceso emisor, entonces el receptor puede obtener el mensaje y continuar su ejecución.

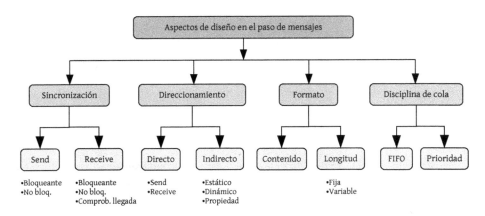

Figura 3.3: Aspectos básicos de diseño en sistemas de paso de mensajes para la comunicación y sincronización entre procesos.

- Si no existe un mensaje por obtener, entonces se plantean a su vez dos opciones:

  - Que el proceso receptor se bloquee hasta que reciba el mensaje.

  - Que el proceso receptor continúe su ejecución obviando, al menos temporalmente, el intento de recepción.

Del mismo modo, la operación de **envío** de mensajes se puede plantear de dos formas posibles:

- Que el proceso emisor se bloquee hasta que el receptor reciba el mensaje.

- Que el proceso emisor no se bloquee y se aisle, al menos temporalmente[1], del proceso de recepción del mensaje

En el ámbito de la programación concurrente, la **primitiva** *send* se suele utilizar con una naturaleza no bloqueante, con el objetivo de que un proceso pueda continuar su ejecución y, en consecuencia, pueda progresar en su trabajo. Sin embargo, este esquema puede fomentar prácticas no deseables, como por ejemplo que un proceso envíe mensajes de manera continuada sin que se produzca ningún tipo de penalización, asociada a su vez al bloqueo del proceso emisor. Desde el punto de vista del programador, este esquema hace que el propio programador sea el responsable de comprobar si un mensaje se recibió de manera adecuada, complicando así la lógica del programa.

En el caso de la **primitiva** *receive*, la versión bloqueante suele ser la elegida con el objetivo de sincronizar procesos. En otras palabras, un proceso que espera un mensaje suele necesitar la información contenida en el mismo para continuar con su ejecución. Un problema que surge con este esquema está derivado de la pérdida de un mensaje, ya que el proceso receptor se quedaría bloqueado. Dicho problema se puede abordar mediante una naturaleza no bloqueante.

---

[1]Considere el uso de un esquema basado en retrollamadas o notificaciones

Direccionamiento

Desde el punto de vista del envío y recepción de mensajes, resulta muy natural enviar y recibir mensajes de manera selectiva, es decir, especificando de manera explícita qué proceso enviará un mensaje y qué proceso lo va a recibir. Dicha información se podría especificar en las propias primitivas de envío y recepción de mensajes.

Recuperación por tipo

También es posible plantear un esquema basado en la recuperación de mensajes por tipo, es decir, una recuperación selectiva atendiendo al contenido del propio mensaje.

Este tipo de direccionamiento de mensajes recibe el nombre de **direccionamiento directo**, es decir, la primitiva *send* contiene un identificador de proceso vinculado al proceso emisor. En el caso de la primitiva *receive* se plantean dos posibilidades:

1. Designar de manera **explícita** al proceso emisor para que el proceso receptor sepa de quién recibe mensajes. Esta alternativa suele ser la más eficaz para procesos concurrentes cooperativos.

2. Hacer uso de un direccionamiento directo **implícito**, con el objetivo de modelar situaciones en las que no es posible especificar, de manera previa, el proceso de origen. Un posible ejemplo sería el proceso responsable del servidor de impresión.

El otro esquema general es el **direccionamiento indirecto**, es decir, mediante este esquema los mensajes no se envían directamente por un emisor a un receptor, sino que son enviados a una estructura de datos compartida, denominada buzón o cola de mensajes, que almacenan los mensajes de manera temporal. De este modo, el modelo de comunicación se basa en que un proceso envía un mensaje a la cola y otro proceso toma dicho mensaje de la cola.

La principal ventaja del direccionamiento indirecto respecto al directo es la flexibilidad, ya que existe un desacoplamiento entre los emisores y receptores de mensajes, posibilitando así diversos esquemas de comunicación y sincronización:

- uno a uno, para llevar a cabo una comunicación privada entre procesos.

- muchos a uno, para modelar situaciones cliente/servidor. En este caso, el buzón se suele conocer como *puerto*.

- uno a muchos, para modelar sistemas de *broadcast* o difusión de mensajes.

- muchos a muchos, para que múltiples clientes puedan acceder a un servicio concurrente proporcionado por múltiples servidores.

Finalmente, es importante considerar que la asociación de un proceso con respecto a un buzón puede ser estática o dinámica. Así mismo, el concepto de **propiedad** puede ser relevante para establecer relaciones entre el ciclo de vida de un proceso y el ciclo de vida de un buzón asociado al mismo.

Formato de mensaje

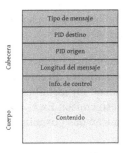

El formato de un mensaje está directamente asociado a la funcionalidad proporcionada por la biblioteca de gestión de mensajes y al ámbito de aplicación, entendiendo *ámbito* como su uso en una única máquina o en un sistema distribuido. En algunos sistemas de paso de mensajes, los mensajes tienen una **longitud fija** con el objetivo de no sobrecargar el procesamiento y almacenamiento de información. En otros, los mensajes pueden tener una **longitud variable** con el objetivo de incrementar la flexibilidad.

En la figura 3.4 se muestra el posible formato de un mensaje típico, distinguiendo entre la cabecera y el cuerpo del mensaje. Como se puede apreciar, en dicho mensaje van incluidos los identificadores únicos de los procesos emisor y receptor, conformando así un direccionamiento directo explícito.

Figura 3.4: Formato típico de un mensaje, estructurado en cabecera y cuerpo. La cabecera contiene información básica para, por ejemplo, establecer un esquema dinámico asociado a la longitud del contenido del mensaje.

Disciplina de cola

La disciplina de cola se refiere a la implementación subyacente que rige el comportamiento interno de la cola. Típicamente, las colas o buzones de mensajes se implementan haciendo uso de una cola **FIFO** (*First-In First-Out*), es decir, los mensajes primeros en salir son aquellos que llegaron en primer lugar.

Sin embargo, es posible utilizar una disciplina basada en el uso de un esquema basado en **prioridades**, asociando un valor númerico de importancia a los propios mensajes para establecer políticas de ordenación en base a los mismos.

3.1.3. El problema de la sección crítica

El problema de la sección crítica, introducido en la sección 1.2.2, se puede resolver fácilmente utilizando el mecanismo del paso de mensajes, tal y como muestra la figura 3.6.

Básicamente, es posible modelar una solución al problema de la sección crítica mediante la primitiva *receive* bloqueante. Así, los procesos comparten un único buzón, inicializado con un único mensaje, sobre el que envían y reciben mensajes. Un proceso que desee acceder a la sec-

Figura 3.5: Visión gráfica del problema general de la sección crítica.

ción crítica accederá al buzón mediante la primitiva *receive* para obtener un mensaje. En esta situación se pueden distinguir dos posibles casos:

1. Si el buzón está vacío, entonces el proceso se bloquea. Esta situación implica que, de manera previa, otro proceso accedió al buzón y recuperó el único mensaje del mismo. El primer proceso se quedará bloqueado hasta que pueda recuperar un mensaje del buzón.

2. Si el buzón tiene un mensaje, entonces el proceso lo recupera y puede acceder a la sección crítica.

En cualquier caso, el proceso ha de devolver el mensaje al buzón en su sección de salida para garantizar que el resto de procesos puedan acceder a su sección crítica. En esencia, el único mensaje del buzón se comporta como un **token** o testigo que gestiona el acceso exclusivo a la sección crítica. Es importante destacar que si existen varios procesos bloqueados a la espera de un mensaje en el buzón, entonces sólo uno de ellos se desbloqueará cuando otro proceso envíe un mensaje al buzón. No es posible conocer a priori qué proceso se desbloqueará aunque, típicamente, las colas de mensajes se implementan mediante colas FIFO (*first-in first-out*), por lo que aquellos procesos que se bloqueen en primer lugar serán los primeros en desbloquearse.

Figura 3.6: Mecanismo de exclusión mutua basado en el uso de paso de mensajes.

Desde un punto de vista semántico, el uso de un mecanismo basado en el paso de mensajes para modelar el problema de la sección crítica es idéntico al uso de un mecanismo basado en **semáforos**. Si se utiliza un semáforo para gestionar el acceso a la sección crítica, éste ha de inicializarse con un valor igual al número de procesos que pueden acceder a la sección crítica de manera simultánea. Típicamente, este valor será igual a uno para proporcionar un acceso exclusivo.

Si se utiliza el paso de mensajes, entonces el programador tendrá que *inicializar* el buzón con tantos mensajes como procesos puedan acceder a la sección crítica de manera simultánea (uno para un acceso exclusivo). La diferencia principal reside en que la inicialización es una operación propia del semáforo, mientras que en el paso de mensajes se ha de utilizar la primitiva *send* para rellenar el buzón y, de este modo, llevar a cabo la *inicialización* del mismo.

3.2. Implementación

En esta sección se discuten las **primitivas POSIX** más importantes relativas al paso de mensajes. Para ello, POSIX proporciona las denominadas colas de mensajes (*POSIX Message Queues*).

En el siguiente listado de código se muestra la primitiva *mq_open()*, utilizada para **abrir** una cola de mensajes existente o crear una nueva. Como se puede apreciar, dicha primitiva tiene dos versiones. La más completa incluye los permisos y una estructura para definir los atributos, además de establecer el nombre de la cola de mensajes y los *flags*.

Si la primitiva *mq_open()* abre o crea una cola de mensajes de manera satisfactoria, entonces devuelve el descriptor de cola asociada a la misma. Si no es así, devuelve -1 y establece *errno* con el error generado.

Compilación

Utilice los *flags* adecuados en cada caso con el objetivo de detectar la mayor cantidad de errores en tiempo de compilación (e.g. escribir sobre una cola de mensajes de sólo lectura).

Al igual que ocurre con los semáforos nombrados, las colas de mensajes en POSIX se basan en la definición de un nombre específico para llevar a cabo la operación de apertura o creación de una cola.

 Las colas de mensajes en POSIX han de empezar por el carácter '/', como por ejemplo '/BuzonMensajes1'.

Listado 3.1: Primitiva mq_open en POSIX

```
 1  #include <fcntl.h>        /* Para constantes O_* */
 2  #include <sys/stat.h>     /* Para los permisos */
 3  #include <mqueue.h>
 4
 5  /* Devuelve el descriptor de la cola de mensajes */
 6  /* o -1 si hubo error (ver errno) */
 7  mqd_t mq_open (
 8              const char *name,     /* Nombre de la cola */
 9              int oflag             /* Flags (menos O\_CREAT) */
10  );
11  mqd_t mq_open (
12              const char *name,     /* Nombre de la cola */
13              int oflag             /* Flags (incluyendo O\_CREAT) */
14              mode_t perms,         /* Permisos */
15              struct mq_attr *attr  /* Atributos (o NULL) */
16  );
```

En el siguiente listado de código se muestra un ejemplo específico de creación de una cola de mensajes en POSIX. En las líneas (6-7) se definen los atributos básicos del buzón:

- *mq_maxmsg*, que define el máximo número de mensajes.

- *mq_msgsize*, que establece el tamaño máximo de mensaje.

Además de la posibilidad de establecer aspectos básicos relativos a una cola de mensajes a la hora de crearla, como el tamaño máximo del mensaje, es posible obtenerlos e incluso establecerlos de manera explícita, como se muestra en el listado de código 3.2.

Por otra parte, en la línea (10) se lleva a cabo la operación de creación de la cola de mensajes, identificada por el nombre */prueba* y sobre la que el proceso que la crea podrá llevar a cabo operaciones de lectura (recepción) y escritura (envío). Note cómo la estructura relativa a los atributos previamente comentados se pasa por referencia. Finalmente, en las líneas (14-17) se lleva a cabo el control de errores básicos a la hora de abrir la cola de mensajes.

```
1  #include <mqueue.h>
2
3  int mq_getattr (
4         mqd_t mqdes,          /* Descriptor de la cola */
5         struct mq_attr *attr  /* Atributos */
6         );
7
8  int mq_setattr (
9         mqd_t mqdes,             /* Descriptor de la cola */
10        struct mq_attr *newattr, /* Nuevos atributos */
11        struct mq_attr *oldattr  /* Antiguos atributos */
12        );
```

Las primitivas relativas al **cierre** y a la **eliminación** de una cola de mensajes son muy simples y se muestran en el siguiente listado de código. La primera de ellas necesita el descriptor de la cola, mientras que la segunda tiene como parámetro único el nombre asociado a la misma.

```
1  /* Descriptor de cola de mensajes */
2  mqd_t qHandler;
3  int rc;
4  struct mq_attr mqAttr;      /* Estructura de atributos */
5
6  mqAttr.mq_maxmsg = 10;      /* Máximo no de mensajes */
7  mqAttr.mq_msgsize = 1024;   /* Tamaño máximo de mensaje */
8
9  /* Creación del buzón */
10 qHandler = mq_open('/prueba', O_RDWR | O_CREAT, S_IWUSR | S_IRUSR, &mqAttr);
11
12 /* Manejo de errores */
13 if (qHandler == -1) {
14   fprintf(stderr, "%s\n", strerror(errno));
15   exit(EXIT_FAILURE);
16 }
```

Desde el punto de vista de la programación concurrente, las primitivas más relevantes son las de **envío** y **recepción** de mensajes, ya que permiten no sólo sincronizar los procesos sino también compartir información entre los mismos. En el listado de código 3.4 se muestra la signatura de las primitivas POSIX *send* y *receive*.

Por una parte, la primitiva *send* permite el envío del mensaje definido por *msg_ptr*, y cuyo tamaño se especifica en *msg_len*, a la cola asociada al descriptor especificado por *mqdes*. Es posible asociar una prioridad a los mensajes que se envían a una cola mediante el parámetro *msg_prio*.

Listado 3.4: Primitivas de cierre y eliminación de una cola de mensajes en POSIX

```
1  #include <mqueue.h>
2
3  int mq_close (
4              mqd_t mqdes        /* Descriptor de la cola de mensajes */
5  );
6
7  int mq_unlink (
8              const char *name   /* Nombre de la cola */
9  );
```

Por otra parte, la primitiva *receive* permite recibir mensajes de una cola. Note cómo los parámetros son prácticamente los mismos que los de la primitiva *send*. Sin embargo, ahora *msg_ptr* representa el buffer que almacenará el mensaje a recibir y *msg_len* es el tamaño de dicho buffer. Además, la primitiva de recepción implica obtener la prioridad asociada al mensaje a recibir, en lugar de especificarla a la hora de enviarlo.

Listado 3.5: Primitivas de envío y recepción en una cola de mensajes en POSIX

```
1   #include <mqueue.h>
2
3   int mq_send (
4              mqd_t mqdes,        /* Descriptor de la cola */
5              const char *msg_ptr, /* Mensaje */
6              size_t msg_len,     /* Tamaño del mensaje */
7              unsigned msg_prio   /* Prioridad */
8   );
9
10  ssize_t mq_receive (
11             mqd_t mqdes,        /* Descriptor de la cola */
12             char *msg_ptr,      /* Buffer para el mensaje */
13             size_t msg_len,     /* Tamaño del buffer */
14             unsigned *msg_prio  /* Prioridad o NULL */
15  );
```

El listado de código 3.6 muestra un ejemplo muy representativo del uso del paso de mensajes en POSIX, ya que refleja la **recepción bloqueante**, una de las operaciones más representativas de este mecanismo.

En las líneas 6-7 se refleja el uso de la primitiva *receive*, utilizando *buffer* como variable receptora del contenido del mensaje a recibir y *prioridad* para obtener el valor de la misma. Recuerde que la semántica de las operaciones de una cola, como por ejemplo que la recepción sea no bloqueante, se definen a la hora de su creación, tal y como se mostró en uno de los listados anteriores, mediante la estructura *mq_attr*. Sin embargo, es posible modificar y obtener los valores de configuración asociados a una cola mediante las primitivas *mq_setattr* y *mq_getattr*, respectivamente.

 El buffer de recepción de mensajes ha de tener un tamaño mayor o igual a *mq_msgsize*, mientras que el buffer de envío de un mensaje ha de tener un tamaño menor o igual a *mq_msgsize*.

```
1  mqd_t qHandler;
2  int rc;
3  unsigned int prioridad;
4  char buffer[2048];
5
6  rc = mq_receive(qHandler, buffer, sizeof(buffer), &prioridad);
7
8  if (rc == -1) {
9    fprintf(stderr, "%s\n", strerror(errno));
10 }
11 else {
12   printf ("Recibiendo mensaje: %s\n", buffer);
13 }
```

En el listado 3.6 también se expone cómo obtener información relativa a posibles errores mediante **errno**. En este contexto, el fichero de cabecera *errno.h*, incluido en la biblioteca estándar del lenguaje C, define una serie de macros para informar sobre condiciones de error, a través de una serie de códigos de error, almacenados en un espacio estático denominado *errno*.

De este modo, algunas primitivas modifican el valor de este espacio cuando detectan determinados errores. En el ejemplo de recepción de mensajes, si *receive* devuelve un código de error -1, entonces el programador puede obtener más información relativa al error que se produjo, como se aprecia en las líneas 9-10.

El **envío de mensajes**, en el ámbito de la programación concurrente, suele mantener una semántica no bloqueante, es decir, cuando un proceso envía un mensaje su flujo de ejecución continúa inmediatamente después de enviar el mensaje. Sin embargo, si la cola POSIX ya estaba llena de mensajes, entonces hay que distinguir entre dos casos:

En POSIX...

En el estándar POSIX, las primitivas *mq_timedsend* y *mq_timedreceive* permiten asociar *timeouts* para especificar el tiempo máximo de bloqueo al utilizar las primitivas *send* y *receive*, respectivamente.

1. Por defecto, un proceso se bloqueará al enviar un mensaje a una cola llena, hasta que haya espacio disponible para encolarlo.

2. Si el flag *O_NONBLOCK* está activo en la descripción de la cola de mensajes, entonces la llamada a *send* fallará y devolverá un código de error.

El listado de código 3.7 muestra un **ejemplo de envío** de mensajes a través de la primitiva *send*. Como se ha comentado anteriormente, esta primitiva de envío de mensajes se puede comportar de una manera no bloqueante cuando la cola está llena de mensajes (ha alcanzado el número máximo definido por *mq_maxmsg*).

Listado 3.7: Ejemplo de envío en una cola de mensajes en POSIX

```
1  mqd_t qHandler;
2  int rc;
3  unsigned int prioridad;
4  char buffer[512];
5
6  sprintf (buffer, "[ Saludos de %d ]", getpid());
7  mq_send(qHandler, buffer, sizeof(buffer), 1);
```

Llegados a este punto, el lector se podría preguntar cómo es posible incluir tipos o **estructuras de datos específicas** de un determinado dominio con el objetivo de intercambiar información entre varios procesos mediante el uso del paso de mensajes. Esta duda se podría plantear debido a que tanto la primitiva de envío como la primitiva de recepción de mensajes manejan cadenas de caracteres (punteros a *char*) para gestionar el contenido del mensaje.

En realidad, este enfoque, extendido en diversos ámbitos del estandar POSIX, permite manejar cualquier tipo de datos de una manera muy sencilla, ya que sólo es necesario aplicar los moldes necesarios para enviar cualquier tipo de información. En otras palabras, el tipo de datos *char* * se suele utilizar como buffer genérico, posibilitando el uso de cualquier tipo de datos definido por el usuario.

 Muchos APIs utilizan *char* * como buffer genérico. Simplemente, considere un puntero a buffer, junto con su tamaño, a la hora de manejar estructuras de datos como contenido de mensaje en las primitivas *send* y *receive*.

El listado de código 3.8 muestra un ejemplo representativo de esta problemática. Como se puede apreciar, en dicho ejemplo el buffer utilizado es una estructura del tipo *TData*, definida por el usuario. Note cómo al usar las primitivas *send* y *receive* se hace uso de los moldes correspondientes para cumplir con la especificación de dichas primitivas.

Listado 3.8: Uso de tipos de datos específicos para manejar mensajes

```
1  typedef struct {
2    int valor;
3  } TData;
4
5  TData buffer;
6
7  /* Atributos del buzón */
8  mqAttr.mq_maxmsg = 10;
9  mqAttr.mq_msgsize = sizeof(TData);
10
11 /* Recepción */
12 mq_receive(qHandler, (char *)&buffer, sizeof(buffer), &prioridad);
13 /* Envío */
14 mq_send(qHandler, (const char *)&buffer, sizeof(buffer), 1);
```

Finalmente, el estándar POSIX también define la primitiva *mq_notify* en el contexto de las colas de mensajes con el objetivo de **notificar a un proceso** o hilo, mediante una señal, cuando llega un mensaje.

Básicamente, esta primitiva permite que cuando un proceso o un hilo se registre, éste reciba una señal cuando llegue un mensaje a una cola vacía especificada por *mqdes*, a menos que uno o más procesos o hilos ya estén bloqueados mediante una llamada a *mq_receive*. En esta situación, una de estas llamadas a dicha primitiva retornará en su lugar.

Listado 3.9: Primitiva mq_notify en POSIX

```
1  #include <mqueue.h>
2
3  int mq_notify (
4                 /* Descriptor de la cola */
5                 mqd_t mqdes,
6                 /* Estructura de notificación
7                    Contiene funciones de retrollamada
8                    para notificar la llegada de un nuevo mensaje */
9                 const struct sigevent *sevp
10 );
```

3.2.1. El problema del bloqueo

El uso de distintas colas de mensajes, asociado al manejo de distintos tipos de tareas o de distintos tipos de mensajes, por parte de un proceso que maneje una semántica de recepción bloqueante puede dar lugar al denominado *problema del bloqueo*.

Suponga que un proceso ha sido diseñado para atender peticiones de varios buzones, nombrados como A y B. En este contexto, el proceso se podría bloquear a la espera de un mensaje en el buzón A. Mientras el proceso se encuentra bloqueado, otro mensaje podría llegar al buzón B. Sin embargo, y debido a que el proceso se encuentra bloqueado en el buzón A, el mensaje almacenado en B no podría ser atendido por el proceso, al menos hasta que se desbloqueara debido a la nueva existencia de un mensaje en A.

 ¿Cómo es posible atender distintas peticiones (tipos de tareas) de manera eficiente por un conjunto de procesos?

Esta problemática es especialmente relevante en las colas de mensajes POSIX, donde no es posible llevar a cabo una recuperación selectiva por tipo de mensaje[2].

Existen diversas **soluciones** al problema del bloqueo. Algunas de ellas son específicas del interfaz de paso de mensajes utilizado, mientras que otras, como la que se discutirá a continuación, son generales y se podrían utilizar con cualquier sistema de paso de mensajes.

---

[2]En System V IPC, es posible recuperar mensajes de un buzón indicando un tipo.

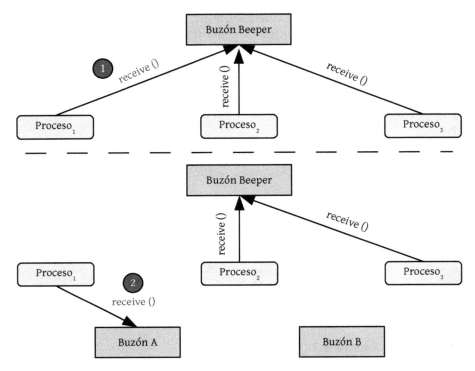

Figura 3.7: Mecanismo de notificación basado en un buzón o cola tipo *beeper* para gestionar el problema del bloqueo.

Dentro del contexto de las situaciones específicas de un sistema de paso de mensajes, es posible utilizar un esquema basado en **recuperación selectiva**, es decir, un esquema que permite que los procesos obtengan mensajes de un buzón en base a un determinado criterio. Por ejemplo, este criterio podría definirse en base al tipo de mensaje, codificado mediante un valor numérico. Otro criterio más exclusivo podría ser el propio identificador del proceso, planteando así un esquema estrechamente relacionado con una comunicación directa.

No obstante, el problema de la recuperación selectiva sólo solventa el problema del bloqueo parcialmente ya que no es posible conocer a priori si un proceso se bloqueará ante la recepción (con semántica bloqueante) de un mensaje asociado a un determinado tipo.

Otra posible opción específica, en este caso incluida en las colas de mensajes de PO-SIX, consiste en hacer uso de algún tipo de esquema de notificación que sirva para que un proceso sepa cuándo se ha recibido un mensaje en un buzón específico. En el caso particular de POSIX, la operación *mq_notify* permite, previo registro, que un proceso o hilo reciba una señal cuando un mensaje llegue a un determinado buzón.

Desde el punto de vista de las soluciones generales, en la sección 5.18 de [9] se discute una solución al problema del bloqueo denominada **Unified Event Manager** (gestor de eventos unificado). Básicamente, este enfoque propone una biblioteca de funciones que cualquier aplicación puede usar. Así, una aplicación puede registrar un evento, causando que la biblioteca cree un hilo que se bloquea. La aplicación está organizada alrededor de una cola con un único evento. Cuando un evento llega, la aplicación lo desencola, lo procesa y vuelve al estado de espera.

El enfoque general que se plantea en esta sección se denomina **esquema beeper** (ver figura 3.7) y consiste en utilizar un buzón específico que los procesos consultarán para poder recuperar información relevante sobre la próxima tarea a acometer.

> El esquema *beeper* planteado en esta sección se asemeja al concepto de localizador o buscador de personas, de manera que el localizador notifica el número de teléfono o el identificador de la persona que está buscando para que la primera se pueda poner en contacto.

Por ejemplo, un proceso que obtenga un mensaje del buzón *beeper* podrá utilizar la información contenido en el mismo para acceder a otro buzón particular. De este modo, los procesos tienen más información para acometer la siguiente tarea o procesar el siguiente mensaje.

En base a este esquema general, los procesos estarán bloqueados por el buzón *beeper* a la hora de recibir un mensaje. Cuando un proceso lo reciba y, por lo tanto, se desbloquee, entonces podrá utilizar el contenido del mensaje para, por ejemplo, acceder a otro buzón que le permita completar una tarea. En realidad, el uso de este esquema basado en dos niveles evita que un proceso se bloquee en un buzón mientras haya tareas por atender en otro.

Así, los procesos estarán típicamente bloqueados mediante la primitiva *receive* en el buzón *beeper*. Cuando un cliente requiera que uno de esos procesos atienda una petición, entonces enviará un mensaje al buzón *beeper* indicando en el contenido el tipo de tarea o el nuevo buzón sobre el que obtener información. Uno de los procesos bloqueados se desbloqueará, consultará el contenido del mensaje y, posteriormente, realizará una tarea o accederá al buzón indicado en el contenido del mensaje enviado al *beeper*.

3.3. Problemas clásicos de sincronización

En esta sección se plantean varios problemas clásicos de sincronización, algunos de los cuales ya se han planteado en la sección 2.3, y se discuten cómo podrían solucionarse utilizando el mecanismo del paso de mensajes.

```
while (1) {
    // Producir...
    producir();
    // Nuevo item...
    send (buzón, msg);
}
```

```
while (1) {
    recibir (buzón, &msg)
    // Consumir...
    consumir();
}
```

Figura 3.8: Solución al problema del buffer limitado mediante una cola de mensajes.

3.3.1. El buffer limitado

El problema del buffer limitado o *problema del productor/consumidor*, introducido en la sección 1.2.1, se puede resolver de una forma muy sencilla utilizando un único buzón o cola de mensajes. Recuerde que en la sección 2.3.1 se planteó una solución a este problema utilizando dos semáforos contadores para controlar, respectivamente, el número de huecos llenos y el número de huecos vacíos en el buffer.

Sin embargo, la solución mediante paso de mensajes es más simple, ya que sólo es necesario utilizar un único buzón para controlar la problemática subyacente. Básicamente, tanto los productores como los consumidores comparten un buzón cuya capacidad está determinada por el número de huecos del buffer.

Inicialmente, el buzón se *rellena* o *inicializa* con tantos mensajes como huecos ocupados haya originalmente, es decir, 0. Tanto los productores como los consumidores utilizan una semántica bloqueante, de manera que

- Si un productor intenta insertar un elemento con el buffer lleno, es decir, si intenta enviar un mensaje al buzón lleno, entonces se quedará bloqueado a la espera de un nuevo hueco (a la espera de que un consumidor obtenga un item del buffer y, en consecuencia, un mensaje de la cola).

- Si un consumidor intenta obtener un elemento con el buffer vacío, entonces se bloqueará a la espera de que algún consumidor inserte un nuevo elemento. Esta situación se modela mediante la primitiva de recepción bloqueante.

Básicamente, la cola de mensajes permite modelar el comportamiento de los procesos productor y consumidor mediante las primitivas básicas de envío y recepción bloqueantes.

3.3.2. Los filósofos comensales

El problema de los filósofos comensales, discutido en la sección 2.3.3, también se puede resolver de una manera sencilla utilizando el paso de mensajes y garantizando incluso que no haya un interbloqueo.

Figura 3.9: Esquema gráfico del problema original de los filósofos comensales (*dining philosophers*).

Al igual que ocurría con la solución basada en el uso de semáforos, la solución discutida en esta sección maneja un **array de palillos** para gestionar el acceso exclusivo a los mismos. Sin embargo, ahora cada palillo está representado por una cola de mensajes con un único mensaje que actúa como *token* o testigo entre los filósofos. En otras palabras, para que un filósofo pueda obtener un palillo, tendrá que recibir el mensaje de la cola correspondiente. Si la cola está vacía, entonces se quedará bloqueado hasta que otro filósofo envíe el mensaje, es decir, libere el palillo.

En el listado 3.10 se muestra el **pseudocódigo** de una posible solución a este problema utilizando paso de mensajes. Note cómo se utiliza un array, denominado *palillo*, donde cada elemento de dicho array representa un buzón de mensajes con un único mensaje.

Listado 3.10: Solución a los filósofos (sin interbloqueo) con colas de mensajes

```
 1  while (1) {
 2      /* Pensar... */
 3      receive(mesa, &m);
 4      receive(palillo[i], &m);
 5      receive(palillo[i + 1], &m);
 6      /* Comer... */
 7      send(palillo[i], m);
 8      send(palillo[i + 1], m);
 9      send(mesa, m);
10  }
```

Por otra parte, la solución planteada también hace uso de un buzón, denominado *mesa*, que tiene una capacidad de cuatro mensajes. Inicialmente, dicho buzón se rellena con cuatro mensajes que representan el número máximo de filósofos que pueden coger palillos cuando se encuentren en el estado *hambriento*. El objetivo es evitar una situación de interbloqueo que se podría producir si, por ejemplo, todos los filósofos cogen a la vez el palillo que tienen a su izquierda.

Al manejar una semántica bloqueante a la hora de recibir mensajes (intentar adquirir un palillo), la solución planteada garantiza el acceso exclusivo a cada uno de los palillos por parte de un único filósofo. La acción de dejar un palillo sobre la mesa está representada por la primitiva *send*, posibilitando así que otro filósofo, probablemente bloqueado por *receive*, pueda adquirir el palillo para comer.

En el anexo B se muestra una **implementación** al problema de los filósofos comensales utilizando las colas de mensajes POSIX. En dicha implementación, al igual que en la solución planteada en la presente sección, se garantiza que no exista un interbloqueo entre los filósofos.

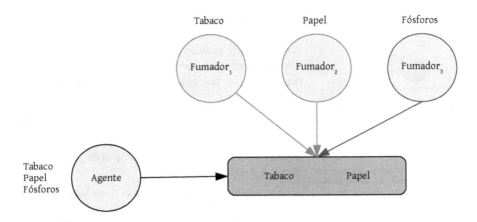

Figura 3.10: Esquema gráfico del problema de los fumadores de cigarrillos.

3.3.3. Los fumadores de cigarrillos

El problema de los fumadores de cigarrillos es otro problema clásico de sincronización. Básicamente, es un problema de **coordinación** entre un agente y tres fumadores en el que intervienen tres ingredientes: i) papel, ii) tabaco y iii) fósforos. Por una parte, el agente dispone de una cantidad ilimitada respecto a los tres ingredientes. Por otra parte, cada fumador dispone de un único elemento, también en cantidad ilimitada, es decir, un fumador dispone de papel, otro de tabaco y otro de fósforos.

Cada cierto tiempo, el agente coloca sobre una mesa, de manera aleatoria, dos de los tres ingredientes necesarios para liarse un cigarrillo (ver figura 3.10). El fumador que tiene el ingrediente restante coge los otros dos de la mesa, se lia el cigarrillo y se lo notifica al agente. Este ciclo se repite indefinidamente.

La problemática principal reside en coordinar adecuadamente al agente y a los fumadores, considerando las siguientes **acciones**:

1. El agente pone dos elementos sobre la mesa.

2. El agente notifica al fumador que tiene el tercer elemento que ya puede liarse un cigarrillo (se simula el acceso del fumador a la mesa).

3. El agente espera a que el fumador le notifique que ya ha terminado de liarse el cigarrillo.

4. El fumador notifica que ya ha terminado de liarse el cigarrillo.

5. El agente vuelve a poner dos nuevos elementos sobre la mesa, repitiéndose así el ciclo.

Proceso agente	Proceso fumador
```while (1) { /* Genera ingredientes */ restante = poner_ingredientes(); /* Notifica al fumador */ send(buzones[restante], msg); /* Espera notificación fumador */ receive(buzon_agente, &msg); } ```	```while (1) { /* Espera ingredientes */ receive(mi_buzon, &msg); // Liando... liar_cigarrillo(); /* Notifica al agente */ send(buzon_agente, msg); } ```

Figura 3.11: Solución en pseudocódigo al problema de los fumadores de cigarrillos usando paso de mensajes.

Este problema se puede resolver utilizando dos **posibles esquemas**:

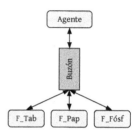

Figura 3.12: Solución al problema de los fumadores de cigarrillos con un único buzón de recuperación selectiva.

- Recuperación **selectiva** utilizando un único buzón (ver figura 3.12). En este caso, es necesario integrar en el contenido del mensaje de algún modo el tipo asociado al mismo con el objetivo de que lo recupere el proceso adecuado. Este tipo podría ser A, T, P o F en función del destinatario del mensaje.

- Recuperación **no selectiva** utilizando múltiples buzones (ver figura 3.13). En este caso, es necesario emplear tres buzones para que el agente pueda comunicarse con los tres tipos de agentes y otro buzón para que los fumadores puedan indicarle al agente que ya terminaron de liarse un cigarrillo.

Este último caso de recuperación no selectiva está estrechamente ligado al planteamiento de las colas de mensajes POSIX, donde no existe un soporte explícito para llevar a cabo una recuperación selectiva. En la figura 3.11 se muestra el pseudocódigo de una posible solución atendiendo a este segundo esquema.

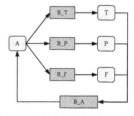

Figura 3.13: Solución al problema de los fumadores de cigarrillos con múltiples buzones sin recuperación selectiva (**A**=Agente, **T**=Fumador con tabaco, **P**=Fumador con papel, **F**=Fumador con fósforos).

Como se puede apreciar en la misma, el agente notifica al fumador que completa los tres ingredientes necesarios para fumar a través de un buzón específico, asociado a cada tipo de fumador. Posteriormente, el agente se queda bloqueado (mediante *receive* sobre *buzon_agente*) hasta que el fumador notifique que ya ha terminado de liarse el cigarrillo. En esencia, la sincronización entre el agente y el fumador se realiza utilizando el **patrón *rendezvous***.

Entero	1	2	...	25	26	27	28	...	51	52	53	54	55	56	57
Traducción	a	b	...	y	z	A	B	...	Y	Z	.	,	!	?	_
Código ASCII	97	98	...	121	122	65	66	...	89	90	46	44	33	63	95

Figura 3.14: Esquema con las correspondencias de traducción. Por ejemplo, el carácter codificado con el valor 1 se corresponde con el código ASCII 97, que representa el carácter 'a'.

Cadena de entrada	34	15	12	1	55
Cadena descodificada	72	111	108	97	33
Representación textual	'H'	'o'	'l'	'a'	'!'

Figura 3.15: Ejemplo concreto de traducción mediante el sistema de codificación discutido.

3.3.4. Simulación de un sistema de codificación

En esta sección se propone un problema que no se encuadra dentro de los problemas clásicos de sincronización pero que sirve para afianzar el uso del sistema de paso de mensajes para sincronizar procesos y comunicarlos.

Básicamente, se pide construir un sistema que simule a un sencillo sistema de codificación de caracteres por parte de una serie de **procesos de traducción**. En este contexto, existirá un **proceso cliente** encargado de manejar la siguiente información:

- Cadena codificada a descodificar.

- Número total de procesos de traducción.

- Tamaño máximo de subcadena a descodificar, es decir, tamaño de la unidad de trabajo máximo a enviar a los procesos de codificación.

La cadena a descodificar estará formada por una secuencia de números enteros, entre 1 y 57, separados por puntos, que los procesos de traducción tendrán que traducir utilizando el sistema mostrado en la figura 3.14. El tamaño de cada una de las subcadenas de traducción vendrá determinado por el tercer elemento mencionado en el listado anterior, es decir, el tamaño máximo de subcadena a descodificar.

Por otra parte, el sistema contará con un **único proceso de puntuación**, encargado de traducir los símbolos de puntuación correspondientes a los valores enteros comprendidos en el rango 53-57, ambos inclusive. Así, cuando un proceso de traducción encuentre uno de estos valores, entonces tendrá que enviar un mensaje al único proceso de puntuación para que éste lo descodifique y, posteriormente, se lo envíe al cliente mediante un mensaje.

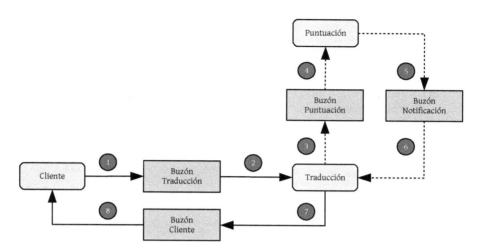

Figura 3.16: Esquema gráfico con la solución planteada, utilizando un sistema de paso de mensajes, para sincronizar y comunicar a los procesos involucrados en la simulación planteada. Las líneas punteadas indican pasos opcionales (traducción de símbolos de puntuación).

Los procesos de traducción atenderán peticiones hasta que el cliente haya enviado todas las subcadenas asociadas a la cadena de traducción original. En la siguiente figura se muestra un ejemplo concreto con una cadena de entrada y el resultado de su descodificación.

La figura 3.16 muestra de manera gráfica el diseño, utilizando colas de mensajes PO-SIX (sin recuperación selectiva), planteado para solucionar el problema propuesto en esta sección. Básicamente, se utilizan cuatro colas de mensajes en la solución planteada:

- **Buzón de traducción**, utilizado por el proceso cliente para enviar las subcadenas a descodificar. Los procesos de traducción estarán bloqueados mediante una primitiva de recepción sobre dicho buzón a la espera de trabajo.

- **Buzón de puntuación**, utilizado por los procesos de traducción para enviar mensajes que contengan símbolos de puntuación al proceso de puntuación.

- **Buzón de notificación**, utilizado por el proceso de puntuación para enviar la información descodificada al proceso de traducción que solicitó la tarea.

- **Buzón de cliente**, utilizado por los procesos de traducción para enviar mensajes con subcadenas descodificadas.

En la solución planteada se ha aplicado el patrón *rendezvous* en dos ocasiones para sincronizar a los distintos procesos involucrados. En concreto,

- El proceso cliente envía una serie de órdenes a los procesos de traducción, quedando posteriormente a la espera hasta que haya obtenido todos los resultados parciales (mismo número de órdenes enviadas).

- El proceso de traducción envía un mensaje al proceso de puntuación cuando encuentra un símbolo de traducción, quedando a la espera, mediante la primitiva *receive*, de que este último envíe un mensaje con la traducción solicitada.

Proceso cliente

```
obtener_datos(&datos);
crear_buzones();
lanzar_procesos();

calcular_num_subv(datos, &num_sub);

for i in range (0, num_subv) {
    // Generar orden.
    generar_orden(&orden, datos);
    // Solicita traducción.
    send(buzón_traducción, orden);
}

for i in range (0, num_subv) {
    // Espera traducción.
    receive(buzon_cliente, &msg);
    actualizar(datos, msg);
}

mostrar_resultado (datos);
```

Proceso traducción

```
while (1) {
    // Espera tarea.
    receive(buzón_traducción, &orden);
    // Traducción...
    if (es_símbolo(orden.datos)) {
        send(buzón_puntuación, orden);
        receive(buzón_notificación, &msg);
    }
    else
        traducir(&orden, &msg);
    // Notifica traducción.
    send(buzon_cliente, msg);
}
```

Proceso puntuación

```
while (1) {
    receive(buzón_puntuación, &orden);
    traducir(&orden, &msg);
    send(buzon_notificación, msg);
}
```

Figura 3.17: Solución en pseudocódigo que muestra la funcionalidad de cada uno de los procesos del sistema de codificación.

La figura 3.17 muestra una posible solución en pseudocódigo considerando un sistema de paso de mensajes con recuperación no selectiva.

Como se puede apreciar, el **proceso cliente** es el responsable de obtener el número de subvectores asociados a la tarea de traducción para, posteriormente, enviar tantos mensajes a los procesos de traducción como tareas haya. Una vez enviados los mensajes al buzón de traducción, el proceso cliente queda a la espera, mediante la primitiva de recepción bloqueante, de los distintos resultados parciales. Finalmente, mostrará el resultado descodificado.

Por otra parte, el **proceso de traducción** permanece en un bucle infinito a la espera de algún trabajo, utilizando para ello la primitiva de recepción bloqueante sobre el buzón de traducción (utilizado por el cliente para enviar trabajos). Si un trabajo contiene un símbolo de traducción, entonces el proceso de traducción solicita ayuda al proceso de puntuación mediante un *rendezvous*, utilizando el buzón de puntuación. Si no es así, entonces traduce el subvector directamente. En cualquier caso, el proceso de traducción envía los datos descodificados al proceso cliente.

Finalmente, el **proceso de puntuación** también permanece en un bucle infinito, bloqueado en el buzón de puntuación, a la espera de alguna tarea. Si la recibe, entonces la procesa y envía el resultado, mediante el buzón de notificación, al proceso de traducción que solicitó dicha tarea.

En este problema se puede apreciar la potencia de los sistemas de paso de mensajes, debido a que se pueden utilizar no sólo para sincronizar procesos sino también para compartir información.

Capítulo **4**

Otros Mecanismos de Sincronización

En este capítulo se discuten otros mecanismos de sincronización, principalmente de un **mayor nivel de abstracción**, que se pueden utilizar en el ámbito de la programación concurrente. Algunos de estos mecanismos mantienen la misma esencia que los ya estudiados anteriormente, como por ejemplo los semáforos, pero añaden cierta funcionalidad que permite que el desarrollador se abstraiga de determinados aspectos problemáticos.

En concreto, en este capítulo se estudian soluciones vinculadas al uso de lenguajes de programación que proporcionan un soporte nativo de concurrencia, como Ada, y el concepto de monitor como ejemplo representativo de esquema de sincronización de más alto nivel.

Por una parte, el lector podrá asimilar cómo **Ada95** proporciona herramientas y elementos específicos que consideran la ejecución concurrente y la sincronización como aspectos fundamentales, como es el caso de las *tareas* o los *objetos protegidos*. Los ejemplos planteados, como es el caso del problema de los filósofos comensales, permitirán apreciar las diferencias con respecto al uso de semáforos POSIX.

Por otra parte, el **concepto de monitor** permitirá comprender la importancia de soluciones de más alto nivel que solventen algunas de las limitaciones que tienen mecanismos como el uso de semáforos y el paso de mensajes. En este contexto, se estudiará el problema del buffer limitado y cómo el uso de monitores permite plantear una solución más estructurada y natural.

4.1. Motivación

Los mecanismos de sincronización basados en el uso de semáforos y colas de mensajes estudiados en los capítulos 2 y 3, respectivamente, presentan ciertas **limitaciones** que han motivado la creación de otros mecanismos de sincronización que las solventen o las mitiguen. De hecho, hoy en día existen lenguajes de programación con un fuerte soporte nativo de concurrencia y sincronización.

En su mayor parte, estas limitaciones están vinculadas a la propia naturaleza de **bajo nivel de abstracción** asociada a dichos mecanismos. A continuación se discutirá la problemática particular asociada al uso de semáforos y colas de mensajes como herramientas para la sincronización.

En el caso de los **semáforos**, las principales limitaciones son las siguientes:

- Son **propensos a errores** de programación. Por ejemplo, considere la situación en la que el desarrollador olvida liberar un semáforo binario mediante la primitiva *signal*.

- Proporcionan una **baja flexibilidad** debido a su naturaleza de bajo nivel. Recuerde que los semáforos se manejan únicamente mediante las primitivas *wait* y *signal*.

Además, en determinados contextos, los semáforos pueden presentar el problema de la espera activa en función de la implementación subyacente en primitivas como *wait*. Así mismo, su uso suele estar asociado a la manipulación de elementos desde un punto de vista global, presentando una problemática similar a la del uso de variables globales en un programa.

Por otra parte, en el caso de las **colas de mensajes**, las principales limitaciones son las siguientes:

- **No modelan la sincronización de forma natural** para el programador. Por ejemplo, considere el modelado de la exclusión mutua de varios procesos mediante una cola de mensajes con capacidad para un único elemento.

- Al igual que en el caso de los semáforos, proporcionan una **baja flexibilidad** debido a su naturaleza de bajo nivel. Recuerde que las colas de mensajes se basan, esencialmente, en el uso de las primitivas *send* y *receive*.

Este tipo de limitaciones, vinculadas a mecanismos de sincronización de bajo nivel como los semáforos y las colas de mensajes, han motivado la aparición de soluciones de más alto nivel que, desde el punto de vista del programador, se pueden agrupar en dos grandes categorías:

- **Lenguajes de programación** con soporte nativo de concurrencia, como por ejemplo *Ada* o *Modula*.

- **Bibliotecas** externas que proporcionan soluciones, típicamente de más alto nivel que las ya estudiadas, al problema de la concurrencia, como por ejemplo la biblioteca de hilos de ZeroC ICE que se discutirá en la siguiente sección.

Aunque los semáforos y las colas de mensajes pueden presentar ciertas limitaciones que justifiquen el uso de mecanismos de un mayor nivel de abstracción, los primeros pueden ser más adecuados que estos últimos dependiendo del problema a solucionar. Considere las ventajas y desventajas de cada herramienta antes de utilizarla.

En el caso de los lenguajes de programación con un soporte nativo de concurrencia, **Ada** es uno de los casos más relevantes en el ámbito comercial, ya que originalmente fue diseñado[1] para construir sistemas de tiempo real críticos prestando especial importancia a la fiabilidad. En este contexto, Ada proporciona elementos específicos que facilitan la implementación de soluciones con necesidades de concurrencia, sincronización y tiempo real.

En el caso de las bibliotecas externas, uno de sus principales objetivos de diseño consiste en solventar las limitaciones previamente introducidas. Para ello, es posible incorporar nuevos mecanismos de sincronización de más alto nivel, como por ejemplo los monitores, o incluso añadir más capas software que permitan que el desarrollador se abstraiga de aspectos específicos de los mecanismos de más bajo nivel, como por ejemplo los semáforos.

4.2. Concurrencia en Ada 95

Ada es un lenguaje de programación orientado a objetos, fuertemente tipado, multi-propósito y con un gran soporte para la programación concurrente. Ada fue diseñado e implementado por el Departamento de Defensa de los Estados Unidos. Su nombre se debe a *Ada Lovelace*, considerada como la primera programadora en la historia de la Informática.

Uno de los principales pilares de Ada reside en una filosofía basada en la reducción de errores por parte de los programadores tanto como sea posible. Dicha filosofía se traslada directamente a las construcciones del propio lenguaje. Esta filosofía tiene como objetivo principal la creación de programas altamente legibles que conduzcan a una maximización de su **mantenibilidad**.

Ada se utiliza particularmente en aplicaciones vinculadas con la seguridad y la fiabilidad, como por ejemplos las que se enumeran a continuación:

- Aplicaciones de defensa (e.g. DoD de EEUU).

- Aplicaciones de aeronáutica (e.g. empresas como *Boeing* o *Airbus*).

- Aplicaciones de gestión del tráfico aéreo (e.g. empresas como *Indra*).

- Aplicaciones vinculadas a la industria aeroespacial (e.g. NASA).

Resulta importante resaltar que en esta sección se realizará una discusión de los elementos de **soporte para la concurrencia y la sincronización** ofrecidos por Ada 95, así como las estructuras propias del lenguaje para las necesidades de tiempo real. Sin embargo, no se llevará a cabo un recorrido por los elementos básicos de este lenguaje de programación.

---

[1] Ada fue diseñado por el Departamento de Defensa de EEUU.

En otras palabras, en esta sección se considerarán especialmente los elementos básicos ofrecidos por Ada 95 para la programación concurrente y los sistemas de tiempo real. Para ello, la perspectiva abordada girará en torno a dos conceptos fundamentales:

1. El uso de **esquemas de programación concurrente de alto nivel**, como por ejemplo los objetos protegidos estudiados en la sección 4.2.2.

2. El uso práctico de un lenguaje de programación orientado al **diseño y desarrollo de sistemas concurrentes**.

Antes de pasar a discutir un elemento esencial de Ada 95, como es el concepto de tarea, el listado de código 4.1 muestra una posible implementación del clásico programa *¡Hola Mundo!*

Listado 4.1: *¡Hola Mundo!* en Ada 95

```
1  with Text_IO; use Text_IO;
2
3  procedure HolaMundo is
4  begin
5     Put_Line("Hola Mundo!");
6  end HolaMundo;
```

Para poder compilar y ejecutar los ejemplos implementados en Ada 95 se hará uso de la herramienta *gnatmake*, la cual se puede instalar en sistemas GNU/Linux mediante el siguiente comando:

```
$ sudo apt-get install gnat
```

GNAT es un compilador basado en la infraestructura de *gcc* y utilizado para compilar programas escritos en Ada.

Una vez instalado *GNAT*, la compilación y ejecución de programas escritos en Ada es trivial. Por ejemplo, en el caso del ejemplo *¡Hola Mundo!* es necesario ejecutar la siguiente instrucción:

```
$ gnatmake holamundo.adb
```

4.2.1. Tareas y sincronización básica

En Ada 95, una tarea representa la **unidad básica de programación concurrente** [3]. Desde un punto de vista conceptual, una tarea es similar a un proceso. El listado de código 4.2 muestra la definición de una tarea sencilla.

```
       Listado 4.2: Definición de tarea simple en Ada 95
 1  -- Especificación de la tarea T.
 2  task type T;
 3
 4  -- Cuerpo de la tarea T.
 5  task body T is
 6      -- Declaraciones locales al cuerpo.
 7      -- Orientado a objetos (Duration).
 8      periodo:Duration := Duration(10);
 9      -- Identificador de tarea.
10      id_tarea:Task_Id := Null_Task_Id;
11
12  begin
13      -- Current Task es similar a getpid().
14      id_tarea := Current_Task;
15      -- Bucle infinito.
16      loop
17          -- Retraso de 'periodo' segundos.
18          delay periodo;
19          -- Impresión por salida estándar.
20          Put("Identificador de tarea: ");
21          Put_Line(Image(ID_T));
22      end loop;
23
24  end T;
```

Como se puede apreciar, la tarea está compuesta por dos elementos distintos:

1. La especificación (declaración) de la tarea T.

2. El propio cuerpo (definición) de la tarea T.

El **lanzamiento de tareas** es sencillo ya que éstas se activan de manera automática cuando la ejecución llega al procedimiento (*procedure*) en el que estén declaradas. Así, el procedimiento *espera* la finalización de dichas tareas. En el listado 4.3 se muestra un ejemplo.

Es importante resaltar que *Tarea1* y *Tarea2* se ejecutarán concurrentemente después de la sentencia *begin* (línea 14), del mismo modo que ocurre cuando se lanzan diversos procesos haciendo uso de las primitivas que proporciona, por ejemplo, el estándar POSIX.

La representación y el lanzamiento de tareas se completa con su **finalización**. Así, en Ada 95, una tarea finalizará si se satisface alguna de las siguientes situaciones [3]:

1. La ejecución de la tarea se completa, ya sea de manera normal o debido a la generación de alguna excepción.

2. La tarea ejecuta una alternativa de finalización mediante una instrucción *select*, como se discutirá con posterioridad.

3. La tarea es abortada.

Listado 4.3: Activación de tareas en Ada 95

```
1   -- Inclusión de paquetes de E/S e
2   -- identificación de tareas.
3   with Ada.Text_IO; use Ada.Text_IO;
4   with Ada.Task_Identification;
5   use Ada.Task_Identification;
6
7   procedure Prueba_Tareas is
8       -- Inclusión del anterior listado de código...
9
10      -- Variables de tipo T.
11      Tarea1:T;
12      Tarea2:T;
13
14  begin
15      -- No se hace nada, pero las tareas se activan.
16      null;
17  end Prueba_Tareas;
```

La **sincronización básica** entre tareas en Ada 95 se puede realizar mediante la definición de *entries* (entradas). Este mecanismo de interacción proporcionado por Ada 95 sirve como mecanismo de comunicación y de sincronización entre tareas. Desde un punto de vista conceptual, un *entry* se puede entender como una llamada a un procedimiento remoto de manera que

1. la tarea que invoca suministra los datos a la tarea receptora,

2. la tarea receptora ejecuta el *entry*,

3. la tarea que invoca recibe los datos resultantes de la invocación.

De este modo, un *entry* se define en base a un identificador y una serie de parámetros que pueden ser de entrada, de salida o de entrada/salida. Esta última opción, a efectos prácticos, representa un paso de parámetros por referencia.

En el contexto de la sincronización mediante *entries*, es importante hacer especial hincapié en que el *entry* lo ejecuta la tarea invocada, mientras que la que invoca se queda bloqueada hasta que la ejecución del *entry* se completa. Este esquema de sincronización, ya estudiado en la sección 2.3.5, se denomina sincronización mediante ***Rendezvous***.

Antes de estudiar cómo se puede modelar un problema clásico de sincronización mediante el uso de *entries*, es importante considerar lo que ocurre si, en un momento determinado, una tarea no puede atender una invocación sobre un *entry*. En este caso particular, la tarea que invoca se bloquea en una cola FIFO vinculada al propio *entry*, del mismo modo que suele plantearse en las implementación de los semáforos y la primitiva *wait*.

Modelando el problema del buffer limitado

El problema del buffer limitado, también conocido como problema del productor/-consumidor, plantea la problemática del acceso concurrente al mismo por parte de una serie de productores y consumidores de información. En la sección 1.2.1 se describe esta problemática con mayor profundidad, mientras que la sección 2.3.1 discute una posible implementación que hace uso de semáforos.

En esta sección, tanto el propio *buffer* en el que se almacenarán los datos como los procesos *productor* y *consumidor* se modelarán mediante tareas. Por otra parte, la gestión del acceso concurrente al buffer, así como la inserción y extracción de datos, se realizará mediante dos *entries*, denominados respectivamente *escribir* y *leer*.

Debido a la necesidad de proporcionar distintos servicios, Ada 95 proporciona la instrucción *select* con el objetivo de que una tarea servidora pueda atender múltiples *entries*. Este esquema proporciona un mayor nivel de abstracción desde el punto de vista de la tarea que solicita o invoca un servicio, ya que el propio entorno de ejecución garantiza que dos *entries*, gestionadas por una sentencia *select*, nunca se ejecutarán de manera simultánea.

El listado de código 4.4 muestra una posible implementación de la tarea **Buffer** para llevar a cabo la gestión de un único elemento de información.

Como se puede apreciar, el acceso al contenido del buffer se realiza mediante *Escribir* y *Leer*. Note cómo el parámetro de este último *entry* es de salida, ya que *Leer* es la operación de extracción de datos.

Listado 4.4: Implementación de la tarea Buffer en Ada 95

```
1  -- Buffer de un único elemento.
2  task Buffer is
3     entry Escribir (Dato: Integer);
4     entry Leer (Dato: out Integer);
5  end Buffer;
6
7  task body Buffer is
8     Temp: Integer;
9  begin
10    loop
11      select
12      -- Almacenamiento del valor entero.
13      accept Escribir (Dato: Integer) do
14        Temp := Dato;
15      end Escribir;
16      or
17      -- Recuperación del valor entero.
18      accept Leer (Dato: out Integer) do
19        Dato := Temp;
20      end Leer;
21      end select;
22    end loop;
23  end Buffer;
```

A continuación, en el listado 4.5, se muestra una posible implementación de la tarea **Consumidor**.

Listado 4.5: Implementación de la tarea Consumidor en Ada 95

```
1  task Consumidor;
2
3  task body Consumidor is
4     Dato : Integer;
5  begin
6     loop
7        Buffer.Leer(Dato); -- Lectura en 'Dato'
8        Put_Line("[Consumidor] Dato obtenido...");
9        Put_Line(Dato'img);
10       delay 1.0;
11    end loop;
12 end Consumer;
```

El buffer de la versión anterior sólo permitía gestionar un elemento que fuera accedido de manera concurrente por distintos consumidores o productores. Para manejar realmente un buffer limitado, es decir, un buffer con una capacidad máxima de N elementos, es necesario modificar la tarea *Buffer* añadiendo un array de elementos, tal y como muestra el listado de código 4.6.

Listado 4.6: Implementación de la tarea Buffer (limitado) en Ada 95

```
1  task Buffer is -- Buffer de un MaxTamanyo elementos.
2     entry Escribir (Elem: TElemento);
3     entry Leer (Elem: out TElemento);
4  end Buffer;
5
6  task body Buffer is
7     MaxTamanyo: constant := 10; -- Buffer limitado.
8     Datos: array (1..MaxTamanyo) of TElemento;
9     I, J: Integer range 1..MaxTamanyo := 1;
10    Tamanyo: Integer range 0..MaxTamanyo := 0;
11 begin
12    loop
13       select
14       when Tamanyo < MaxTamanyo =>
15          accept Escribir (Elem: TElemento) do
16             Datos(i) := Elem;  -- Guarda el elemento.
17          end Escribir;
18          I := I mod MaxTamanyo + 1;
19          Tamanyo := Tamanyo + 1;
20       or
21       when Tamanyo > 0 =>
22          accept Leer (Elem: out TElemento) do
23             Elem := Datos(J);  -- Devuelve el elemento.
24          end Leer;
25          J := J mod MaxTamanyo + 1;
26          Tamanyo := Tamanyo - 1;
27       end select;
28    end loop;
29 end Buffer;
```

Como se puede apreciar, el buffer incluye lógica adicional para controlar que no se puedan insertar nuevos elementos si el buffer está lleno o, por el contrario, que no se puedan extraer elementos si el buffer está vacío. Estas dos situaciones se controlan por medio de las denominadas **barreras** o **guardas**, utilizando para ello la palabra reservada *when* en Ada 95. Si la condición asociada a la barrera no se cumple, entonces la tarea que invoca la función se quedará bloqueada hasta que se cumpla, es decir, hasta que la barrera se *levante*.

En este contexto, estas construcciones son más naturales que el uso de semáforos contadores o buzones de mensajes con un determinado tamaño máximo. De nuevo, el control concurrente sobre las operaciones *leer* y *escribir* se gestiona mediante el uso de *entries*.

4.2.2. Los objetos protegidos

Hasta ahora se ha estudiado cómo las tareas permiten encapsular datos sin la necesidad de un mecanismo de exclusión mutua explícito. Por ejemplo, en el caso del buffer limitado de la anterior sección, no es necesario utilizar ningún tipo de mecanismo de exclusión mutua ya que su contenido nunca será accedido de manera concurrente. Este hecho se debe a la propia naturaleza de los *entries*.

Sin embargo, utilizar tareas para *servir* datos puede introducir una sobrecarga en la aplicación. Además, las tareas no representan la forma más natural de encapsular datos y, de manera simultánea, ofrecer una funcionalidad a potenciales clientes.

 Las regiones críticas condicionales representan un mecanismo de sincronización más natural y sencillo de entender e implementar.

En Ada, un objeto protegido es un tipo de **módulo protegido** que encapsula una estructura de datos y exporta subprogramas o funciones [3]. Estos subprogramas operan sobre la estructura de datos bajo una exclusión mutua automática. Del mismo modo que ocurre con las tareas, en Ada es posible definir barreras o guardas en las propias entradas, que deben evaluarse a verdadero antes de que a una tarea se le permita *entrar*. Este planteamiento se basa en la definición de **regiones críticas condicionales**.

El listado de código 4.7 muestra un ejemplo sencillo de tipo protegido para un entero compartido [3]. La declaración de V en la línea (13) declara una instancia de dicho tipo protegido y le asigna el valor inicial al dato que éste encapsula. Este valor sólo puede ser accedido mediante *Leer*, *Escribir* e *Incrementar*.

 Las llamadas a entradas protegidas se usan para implementar la sincronización de condición.

Listado 4.7: Ejemplo simple de tipo protegido

```
1  -- Tipo protegido para un entero compartido.
2  protected type EnteroCompartido (ValorInicial : Integer) is
3     function  Leer          return Integer;
4     procedure Escribir      (NuevoValor : Integer);
5     procedure Incrementar (Incremento : Integer);
6
7  private
8     Dato : Integer := ValorInicial;
9
10 end EnteroCompartido;
11
12 V : EnteroCompartido(7);
```

En este contexto, es importante destacar las diferencias existentes al usar procedimientos o funciones protegidas:

- Un **procedimiento protegido**, como *Escribir* o *Incrementar*, proporciona un acceso mutuamente excluyente tanto de lectura como de escritura a la estructura de datos encapsulada por el tipo protegido. En otras palabras, las llamadas a dichos procedimientos se ejecutarán en exclusión mutua.

- Una **función protegida**, como *Leer*, proporciona acceso concurrente de sólo lectura a la estructura de datos encapsulada. En otras palabras, es posible que múltiples tareas ejecuten *Leer* de manera concurrente. No obstante, las llamadas a funciones protegidas son mutuamente excluyentes con las llamadas a procedimientos protegidos.

Finalmente, una **entrada protegida** es similar a un procedimiento protegido. La diferencia reside en que la entrada está asociada a una barrera integrada en el propio objeto protegido. Como se comentó anteriormente, si la evaluación de dicha barrera obtiene un valor lógico *falso*, entonces la tarea que invoca dicha entrada se quedará suspendida hasta que la barrera se evalúe a *verdadero* y, adicionalmente, no existan otras tareas activas dentro del objeto protegido.

 Las barreras se evalúan siempre que una nueva tarea evalúa la barrera y ésta haga referencia a una variable que podría haber cambiado desde que la barrera fue evaluada por última vez. Así mismo, las barreras también se evalúan si una tarea abandona un procedimiento o *entry* y existen tareas bloqueadas en barreras asociadas a una variable que podría haber cambiado desde la última evaluación.

A continuación se discutirá un problema de sincronización clásico, ya discutido en la sección 2.3.3, implementado haciendo uso de objetos protegidos.

Modelando el problema de los filósofos comensales

En esta sección se discute una posible implementación del problema de los filósofos comensales utilizando Ada 95 y objetos protegidos[2].

En la sección 2.3.3, los palillos se definían como recursos indivisibles y se modelaban mediante semáforos binarios. De este modo, un palillo cuyo semáforo tuviera un valor de 1 podría ser utilizado por un filósofo, simulando su obtención a través de un decremento (primitiva *wait*) del semáforo y bloqueando al filósofo adyacente en caso de que este último quisiera cogerlo.

En esta solución, el palillo se modela mediante un **objeto protegido**. Para ello, el listado de código 4.8 define el tipo protegido *Cubierto*.

Listado 4.8: Declaración del objeto protegido Cubierto

```
1  -- Código adaptado de...
2  -- http://es.wikibooks.org/wiki/Programaci
3  package Cubiertos is
4
5     type Cubierto is limited private;
6
7     procedure Coger(C: in out Cubierto);
8     procedure Soltar(C: in out Cubierto);
9
10 private
11
12    type Status is (LIBRE, OCUPADO);
13
14    protected type Cubierto(Estado_Cubierto: Status := LIBRE) is
15       entry Coger;
16       entry Soltar;
17
18    private
19       Estado: Status := Estado_Cubierto;
20    end Cubierto;
21
22 end Cubiertos;
```

Como se puede apreciar, dicho tipo protegido mantiene el estado del cubierto como un elemento de tipo *Status* (línea 13), que puede ser LIBRE u OCUPADO, como un dato privado, mientras que ofrece dos *entries* protegidos: *Coger* y *Soltar* (líneas 16-17). Note cómo el estado del tipo *Cubierto* se inicializa a LIBRE (línea 15).

Por otra parte, el objeto protegido *Cubierto* está integrado dentro del paquete *Cubiertos*, cuya funcionalidad está compuesta por los procedimientos *Coger* y *Soltar* (líneas 8-9). Dichos procedimientos actúan sobre los cubiertos de manera individual (observe el parámetro de entrada/salida *C*, de tipo *Cubierto* en ambos).

---

[2]Código fuente adaptado a partir de la implementación de
http://es.wikibooks.org/wiki/Programaci %C3 %B3n_en_Ada/Tareas/Ejemplos

A continuación se muestra la implementación de los procedimientos y *entries* declarados en el anterior listado. Note cómo los procedimientos simplemente delegan en los *entries* asociados la gestión de la exclusión mutua. Por ejemplo, el procedimiento público *Coger* del paquete cubiertos invoca el *entry Coger* del cubierto pasado como parámetro a dicho procedimiento (líneas 6-9).

Listado 4.9: Implementación del objeto protegido Cubierto

```
1   -- Código adaptado de...
2   -- http://es.wikibooks.org/wiki/Programaci
3   package body Cubiertos is
4
5       procedure Coger (C: in out Cubierto) is
6       begin
7          C.Coger;
8       end Coger;
9
10      procedure Soltar (C: in out Cubierto) is
11      begin
12         C.Soltar;
13      end Soltar;
14
15      protected body Cubierto is
16
17          entry Coger when Estado = LIBRE is
18          begin
19             Estado := OCUPADO;
20          end Coger;
21
22
23          entry Soltar when Estado = OCUPADO is
24          begin
25             Estado := LIBRE;
26          end Soltar;
27
28      end Cubierto;
29
30   end Cubiertos;
```

El aspecto más destacable de esta implementación es el uso de sendas barreras en los *entries Coger* y *Soltar* para controlar si un cubierto está libre u ocupado antes de cogerlo o soltarlo, respectivamente.

La vida de un filósofo

Recuerde que, en el problema clásico de los filósofos comensales, éstos viven un ciclo continuo compuesta de las actividades de *comer* y *pensar*.

En este punto, el objeto protegido *Cubierto* ya gestiona el acceso concurrente y exclusivo a los distintos cubiertos que se vayan a instanciar. Este número coincide con el número de filósofos que se sentarán a la mesa. Por lo tanto, el siguiente paso consiste en modelar la tarea *Filósofo* y plantear el código necesario para llevar a cabo la simulación del problema.

El listado 4.10 muestra el modelado de un filósofo. La parte más importante está representada por el procedimiento *Pensar* (líneas 11-18), en el que el filósofo intenta obtener los palillos que se encuentran a su izquierda y a su derecha, respectivamente, antes de comer. El procedimiento *Pensar* (líneas 20-24) simplemente realiza una espera de 3 segundos.

Listado 4.10: Tarea filósofo en Ada

```
1  -- Código adaptado de...
2  -- http://es.wikibooks.org/wiki/Programacion_en_Ada/Tareas/Ejemplos
3  type PCubierto is access Cubierto;
4
5  task type TFilosofo(Id: Character;
6            Cubierto_Izquierda: PCubierto; Cubierto_Derecha: PCubierto);
7
8  task body TFilosofo is
9
10   procedure Comer is
11   begin
12      -- Intenta obtener el cubierto izquierdo y el derecho.
13      Coger(Cubierto_Izquierda.all);
14      Coger(Cubierto_Derecha.all);
15      Put(Id & "c "); delay 1.0;
16      Soltar(Cubierto_Derecha.all);
17      Soltar(Cubierto_Izquierda.all);
18   end Comer;
19
20   Procedure Pensar is
21   begin
22      Put(Id & "p ");
23      delay 3.0;
24   end Pensar;
25
26 begin
27   loop
28      Comer; Pensar;
29   end loop;
30 end TFilosofo;
```

Finalmente, el listado 4.11 muestra la lógica necesaria para simular el problema de los filósofos comensales. Básicamente, lleva a cabo la instanciación de los cubiertos como objetos protegidos (líneas 25-27) y la instanciación de los filósofos (líneas 30-35).

Si desea llevar a cabo una simulación para comprobar que, efectivamente, el acceso concurrente a los palillos es correcto, recuerde que ha de ejecutar los siguientes comandos:

```
$ gnatmake problema_filosofos.adb
$ ./problema_filosofos
```

Listado 4.11: Simulación del problema de los filósofos

```
1   -- Código adaptado de...
2   -- http://es.wikibooks.org/wiki/Programaci
3   with Ada.Text_IO; use Ada.Text_IO;
4   with Ada.Integer_Text_IO; use Ada.Integer_Text_IO;
5   with Cubiertos; use Cubiertos;
6
7   procedure Problema_Filosofos is
8
9       -- Aquí el código del listado anterior...
10
11      N_Cubiertos: Positive;
12
13  begin
14
15      Put("Número de filósofos: "); Get(N_Cubiertos); New_line;
16
17      declare
18        type PTFilosofo is access TFilosofo;
19        P: PTFilosofo;
20        C: Character := 'A';
21        Cuberteria: array (1..N_Cubiertos) of PCubierto;
22      begin
23        -- Instanciación de los cubiertos.
24        for i in 1..N_Cubiertos loop
25        Cuberteria(i) := new Cubierto;
26        end loop;
27
28        -- Instanciación de los filósofos (A, B, C, D, etc).
29        for i in 1..N_Cubiertos-1 loop
30        P := new TFilosofo(C, Cuberteria(i), Cuberteria(i+1));
31        C := Character'Succ(C); -- Sucesor para generar el siguiente ID.
32        end loop;
33        -- El último filósofo comparte palillo con el primero.
34        P := new TFilosofo(C, Cuberteria(1), Cuberteria(N_Cubiertos));
35      end;
36  end Problema_Filosofos;
```

Si la compilación y la ejecución fueron correctas, entonces el resultado obtenido de la simulación debería ser similar al siguiente.

```
Introduzca el numero de cubiertos/filosofos: 5

Ac Cc Ap Ec Cp Bc Ep Dc Bp Dp Ac Cc Ap Ec Cp Bc Ep Dc Bp Dp Ac Cc Ap
Ec Cp Bc Ep Dc Bp Dp Ac Cc Ap Ec Cp Bc Dc Ep Bp Dp Ac Cc Ap Cp Ec Bc
Ep Dc Bp Dp Ac Cc Ap Cp Bc Ec Bp Ep Dc Dp Ac Cc Ap Cp Bc Ec Bp Ep Dc
Dp Ac Cc Ap Cp Bc Ec Bp Ep Dc Dp Ac Cc Cp Ap Ec Bc Ep Bp Dc Dp Cc Ac
Cp Ap Bc Ec Bp Ep Dc Dp Cc Ac Cp Ap Ec Bc Ep Bp Dc Dp Cc Ac Ap Ec Cp
Bc Ep Bp Dc Dp Ac Cc Ap Bc Cp Ec Bp Ep Dc Dp Ac Cc Ap Cp Bc Ec Ep Bp
Dc Dp Cc Ac Cp Ap Bc Ec Bp Dc Ep Dp Cc Ac Cp Ap Bc Ec Bp Ep Dc Dp Cc
Ac Cp Ap Bc Ec Bp Ep Dc Dp Cc Ac Cp Ap Bc Ec Ep Bp Dc
```

donde la primera letra de cada palabra representa el identificador del filósofo (por ejemplo **A**) y la segunda representa el estado (**p**ensando o **c**omiendo). Note cómo el resultado de la simulación no muestra dos filósofos adyacentes (por ejemplo A y B o B y C) comiendo de manera simultánea.

4.3. El concepto de monitor

Con el objetivo principal de mejorar y flexibilizar los mecanismos de sincronización básicos estudiados, uso de semáforos y de colas de mensajes, han surgido herramientas de sincronización de más alto nivel, como los monitores. En esta sección se discutirá el caso concreto de los monitores, introducidos previamente en la sección 1.2.3.

Desde un punto de vista general, un monitor se puede definir como un **tipo abstracto de datos** con un conjunto de operaciones, especificadas por el programador, que operan en exclusión mutua sobre el propio monitor. En otras palabras, se persigue que el acceso a los elementos del tipo abstracto de datos sea correcto desde el punto de vista de la concurrencia.

Según [3], los monitores surgen como un refinamiento de las secciones críticas condicionales, es decir, como una evolución de las mismas pero con la idea de solventar algunas de las limitaciones discutidas en la sección 4.1. En concreto, la dispersión de las secciones críticas en un programa con relativa complejidad destruye el concepto de programación estructurada, obteniendo así un código cuya legibilidad y mantenimiento se ven afectados.

En la sección 2.3.1 se estudió el uso de semáforos para modelar una solución al **problema clásico del buffer limitado**. En esencia, dicha solución contemplaba el uso de dos semáforos de tipo contador: i) *empty*, para controlar el número de huecos vacíos, y ii) *full*, para controlar el número de huecos llenos. Además, se hacía uso de un semáforo binario, denominado *mutex*, para controlar el acceso a la sección crítica.

Este planteamiento es *poco natural* en el sentido de que no se trata al buffer limitado como una estructura que gestiona el acceso concurrente por parte de otros procesos o hilos. Por el contrario, dicho acceso se controla desde una *perspectiva externa* mediante el uso de diversos semáforos.

 El uso de monitores permite encapsular el estado o variables, que serán accedidas en exclusión mutua, del propio monitor.

En este contexto, el monitor permite modelar el buffer de una manera más natural mediante un módulo independiente de manera que las llamadas concurrentes para insertar o extraer elementos del buffer se ejecutan **en exclusión mutua**. En otras palabras, el monitor es, por definición, el responsable de ejecutarlas secuencialmente de manera correcta. El listado 4.12 muestra la sintaxis de un monitor. En la siguiente sección se discutirá cómo se puede utilizar un monitor haciendo uso de las facilidades que proporciona el estándar POSIX.

Sin embargo, y aunque el monitor proporciona exclusión mutua en sus operaciones, existe la necesidad de la sincronización dentro del mismo. Una posible opción para abordar esta problemática podría consistir en hacer uso de semáforos. No obstante, las implementaciones suelen incluir primitivas que sean más sencillas aún que los propios semáforos y que se suelen denominar **variables de condición**.

Las variables de condición, sin embargo, se manejan con primitivas muy parecidas a las de los semáforos, por lo que normalmente se denominan *wait* y *signal*. Así, cuando un proceso o hilo invoca *wait* sobre una variable de condición, entonces se quedará bloqueado hasta que otro proceso o hilo invoque *signal*. Note que *wait* siempre bloqueará al proceso o hilo que lo invoque, lo cual supone una diferencia importante con respecto a su uso en semáforos.

Listado 4.12: Sintaxis general de un monitor

```
 1  monitor nombre_monitor {
 2    /* Declaración de variables compartidas */
 3    procedure p1 (...) { ... }
 4    procedure p2 (...) { ... }
 5    ...
 6    procedure pn (...) { ... }
 7    inicialización (...) {
 8    ...
 9    }
10  }
```

Al igual que ocurre con los semáforos, una variable de condición tiene asociada alguna estructura de datos que permite almacenar información sobre los procesos o hilos bloqueados. Típicamente, esta estructura de datos está representada por una cola FIFO (*first-in first-out*).

Tenga en cuenta que la liberación de un proceso bloqueado en una variable de condición posibilita que otro proceso pueda acceder a la sección crítica. En este contexto, la primitiva *signal* es la que posibilita este tipo de sincronización. Si no existe ningún proceso bloqueado en una variable de condición, entonces la ejecución de *signal* sobre la misma no tiene ningún efecto. Esta propiedad también representa una diferencia importante con respecto a la misma primitiva en un semáforo, ya que en este último caso sí que tiene un efecto final (incremento del semáforo).

 La construcción del monitor garantiza que, en cualquier momento de tiempo, sólo haya un proceso activo en el monitor. Sin embargo, puede haber más procesos o hilos suspendidos en el monitor.

Antes de pasar a la siguiente sección, en la que se estudiará el caso particular de los monitores en POSIX (mediante el uso de *mutexes* y variables de condición), es importante destacar que las variables de condiciones padecen algunas de las **desventajas** asociadas al uso de semáforos, introducidas en la sección 4.1 del presente capítulo. Por ejemplo, el uso de las primitivas *wait* y *signal* puede propiciar errores cometidos por parte del programador y que, en ocasiones, implica que el proceso de depuración para localizarlos sea tedioso.

4.3.1. Monitores en POSIX

Para modelar el comportamiento de un monitor utilizando las primitivas que ofrece el estándar POSIX y, en concreto, la biblioteca *Pthreads*, es necesario utilizar algún mecanismo para garantizar la exclusión mutua en las operaciones del monitor y proporcionar la sincronización necesario. En este contexto, POSIX *Pthreads* ofrece tanto **mutexes** como *variables de condición* para llevar a cabo dicho modelado.

Con el objetivo de ejemplificar el uso de monitores mediante estos dos elementos definidos en POSIX, en esta sección se retoma el ejemplo del buffer limitado previamente discutido en la sección 2.3.1, en la que se hizo uso de semáforos para controlar el acceso al buffer. Para ello, se asumirán las siguientes suposiciones:

1. El buffer estará implementado en base a la definición de monitor.

2. Los productores y consumidores de información, es decir, las entidades que interactúan con el buffer, estarán implementados mediante hilos a través de la biblioteca *Pthread*.

Con el objetivo de encapsular el estado del buffer, siguiendo la filosofía planteada por el concepto de monitor, se ha definido la clase *Buffer* mediante el lenguaje de programación C++, tal y como se muestra en el listado 4.13.

Listado 4.13: Clase Buffer

```
1  #ifndef __BUFFER_H__
2  #define __BUFFER_H__
3
4  #include <pthread.h>
5
6  #define MAX_TAMANYO 5
7
8  class Buffer {
9  public:
10   Buffer ();
11   ~Buffer ();
12   void anyadir (int dato);
13   int extraer ();
14
15  private:
16   int _n_datos;
17   int _primero, _ultimo;
18   int _datos[MAX_TAMANYO];
19
20   pthread_mutex_t _mutex;
21   pthread_cond_t _buffer_no_lleno;
22   pthread_cond_t _buffer_no_vacio;
23  };
24
25  #endif
```

La funcionalidad relevante de la clase *Buffer* está especificada en las líneas (12-13), en las que se declaran las funciones *anyadir* y *extraer*. Respecto al estado del propio buffer, cabe destacar **dos grupos de elementos**:

- Las variables de clase relacionadas con el número de elementos en el buffer y los apuntadores al primer y último elemento (líneas $\boxed{\text{16-18}}$), respectivamente. La figura 4.1 muestra de manera gráfica dichos apuntadores.

- Las variables de clase que realmente modelan el comportamiento del buffer, es decir, el *mutex* de tipo *pthread_mutex_t* para garantizar el acceso excluyente sobre el buffer y las variables de condición para llevar a cabo la sincronización.

Estas **variables de condición** permiten modelar, a su vez, dos situaciones esenciales a la hora de interactuar con el buffer:

1. La imposibilidad de añadir elementos cuando el buffer está lleno. Esta situación se contempla mediante la variable *_buffer_no_lleno* del tipo *pthread_cond*.

2. La imposibilidad de extraer elementos cuando el buffer está vacío. Esta situación se contempla mediante la variable *_buffer_no_vacío* del tipo *pthread_cond*.

El **constructor** y el **destructor** de la clase *Buffer* permiten inicializar el estado de la misma, incluyendo los elementos propios de la biblioteca *Pthread*, y liberar recursos, respectivamente, tal y como se muestra en el listado 4.14.

La **función** *anyadir* permite insertar un nuevo elemento en el buffer de tamaño limitado. Con el objetivo de garantizar que dicha función se ejecute en exclusión mutua, el *mutex* se adquiere justo en la primera instrucción (línea $\boxed{6}$) y se libera en la última (línea $\boxed{20}$), como se aprecia en el listado 4.15.

Listado 4.14: Clase Buffer. Constructor y destructor

```
1  #include "buffer.h"
2  #include <assert.h>
3
4  Buffer::Buffer ():
5    _n_datos(0), _primero(0), _ultimo(0)
6  {
7    pthread_mutex_init(&_mutex, NULL);
8    pthread_cond_init(&_buffer_no_lleno, NULL);
9    pthread_cond_init(&_buffer_no_vacio, NULL);
10 }
11
12 Buffer::~Buffer ()
13 {
14   pthread_mutex_destroy(&_mutex);
15   pthread_cond_destroy(&_buffer_no_lleno);
16   pthread_cond_destroy(&_buffer_no_vacio);
17 }
```

A continuación, y antes de insertar cualquier elemento en el buffer, es necesario comprobar que éste no esté lleno. Para ello, se usa la condición del bucle *while* (línea $\boxed{8}$). Si es así, es decir, si el buffer ha alcanzado su límite, entonces se ejecuta un *wait* sobre la variable de condición *_buffer_no_lleno*, provocando las dos siguientes consecuencias:

1. El hilo que ejecuta *anyadir* se queda bloqueado y se encola en la cola asociada a dicha variable de condición.

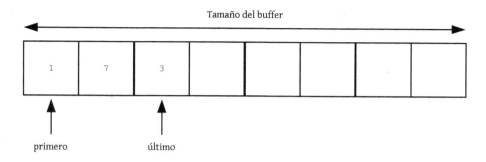

Figura 4.1: Esquema gráfico del buffer limitado modelado mediante un monitor.

2. El *mutex* se libera, con el objetivo de que otro hilo, productor o consumidor, pueda ejecutar *anyadir* o *extraer*, respectivamente. Note cómo el segundo parámetro de *pthread_cond_wait* es precisamente el *mutex* del propio buffer. Así, con un monitor es posible suspender varios hilos **dentro de la sección crítica**, pero sólo es posible que uno se encuentre activo en un instante de tiempo.

Listado 4.15: Clase Buffer. Inserción de elementos

```
1  void
2  Buffer::anyadir
3  (int dato)
4  {
5    /* Adquisición el mutex para exclusión mutua */
6    pthread_mutex_lock(&_mutex);
7    /* Para controlar que no haya desbordamiento */
8    while (_n_datos == MAX_TAMANYO)
9      /* Sincronización */
10     pthread_cond_wait(&_buffer_no_lleno, &_mutex);
11
12   /* Actualización del estado del buffer */
13   _datos[_ultimo % MAX_TAMANYO] = dato;
14   ++_ultimo;
15   ++_n_datos;
16
17   /* Sincronización */
18   pthread_cond_signal(&_buffer_no_vacio);
19
20   pthread_mutex_unlock(&_mutex);
21 }
```

La actualización del estado del buffer mediante la función *anyadir* consiste en almacenar el dato en el buffer (línea 13), actualizar el apuntador para el siguiente elemento a insertar (línea 14) e incrementar el número de elementos del buffer (línea 15).

Finalmente, es necesario ejecutar *signal* sobre la variable de condición *_buffer_no_vacio* (línea ⟨18⟩) para desbloquear a algún hilo consumidor bloqueado, si lo hubiera, en dicha variable. Más adelante se comprobará que un hilo consumidor se bloqueará cuando no haya ningún elemento que extraer del buffer. La última instrucción de *anyadir* está asociada a la liberación del *mutex* (línea ⟨20⟩).

El listado de código 4.16 muestra la otra función relevante del buffer: **extraer**. Note cómo el esquema planteado es exactamente igual al de *anyadir*, con las siguientes salvedades:

1. Un hilo se suspenderá cuando no haya elementos o datos en el buffer (líneas ⟨9-11⟩) a través de la variable de condición *_buffer_no_vacio*.

2. La actualización de datos implica incrementar el apuntador al primer elemento a extraer y decrementar el número total de datos (líneas ⟨15-16⟩).

3. La ejecución de *signal* se realiza sobre *_buffer_no_lleno*, con el objetivo de desbloquear a un potencial productor de información.

4. El valor extraído se devuelve después de liberar el *mutex*. De otro modo, éste no podría ser adquirido por otro hilo que intente acceder al buffer con posterioridad.

Listado 4.16: Clase Buffer. Extracción de elementos

```
1  int
2  Buffer::extraer ()
3  {
4    int dato;
5
6    /* Adquisición el mutex para exclusión mutua */
7    pthread_mutex_lock(&_mutex);
8    /* No se puede extraer si no hay nada */
9    while (_n_datos == 0)
10     /* Sincronización */
11     pthread_cond_wait(&_buffer_no_vacio, &_mutex);
12
13   /* Actualización del estado del buffer */
14   dato = _datos[_primero % MAX_TAMANYO];
15   ++_primero;
16   --_n_datos;
17
18   /* Sincronización */
19   pthread_cond_signal(&_buffer_no_lleno);
20
21   pthread_mutex_unlock(&_mutex);
22
23   return dato;
24 }
```

En este punto, con el monitor ya implementado, el siguiente paso es crear un sencillo programa en el que una serie de hilos productores y consumidores, implementados mediante la biblioteca *Pthread*, interactúen con el monitor (buffer). El listado 4.17 muestra la declaración de las funciones asociadas a dichos hilos y la creación de los mismos.

Note cómo la **primitiva** *pthread_create* se utiliza para asociar código a los hilos productores y consumidor, mediante las funciones *productor_func* (línea ㉑) y *consumidor_func* (línea ㉓), respectivamente. El propio puntero al buffer se pasa como parámetro en ambos casos para que los hilos puedan interactuar con él. Cabe destacar igualmente el uso de la primitiva *pthread_join* (línea ㉗) con el objetivo de esperar a los hilos creados anteriormente.

Listado 4.17: Creación de hilos mediante *Pthread*

```
 1  #include <iostream>
 2  #include <stdlib.h>
 3  #include <sys/types.h>
 4  #include <unistd.h>
 5  #include "buffer.h"
 6
 7  #define NUM_HILOS 8
 8
 9  static void *productor_func (void *arg);
10  static void *consumidor_func (void *arg);
11
12  int main (int argc, char *argv[]) {
13    Buffer *buffer = new Buffer;
14    pthread_t tids[NUM_HILOS];
15    int i;
16    srand((int)getpid());
17
18    /* Creación de hilos */
19    for (i = 0; i < NUM_HILOS; i++)
20      if ((i % 2) == 0)
21        pthread_create(&tids[i], NULL, productor_func, buffer);
22      else
23        pthread_create(&tids[i], NULL, consumidor_func, buffer);
24
25    /* Esperando a los hilos */
26    for (i = 0; i < NUM_HILOS; i++)
27      pthread_join(tids[i], NULL);
28
29    delete buffer;
30
31    return EXIT_SUCCESS;
32  }
```

Finalmente, el listado 4.18 muestra la implementación de los hilos productor y consumidor, respectivamente, mediante sendas funciones. En ellas, estos hilos interactúan con el buffer insertar o extrayendo elementos de manera aleatoria y considerando una breve espera entre operación y operación.

Listado 4.18: Código fuente de los hilos productor y consumidor

```
1  static void *productor_func (void *arg) {
2    Buffer *buffer = (Buffer *)arg;
3    int i = 0, valor;
4
5    while (i < 10) {
6      sleep(rand() % 3);
7      valor = rand() % 10;
8      buffer->anyadir(valor);
9      std::cout << "Productor:\t" << valor << std::endl;
10     ++i;
11   }
12   return (void *)true;
13 }
14
15 static void *consumidor_func (void *arg) {
16   Buffer *buffer = (Buffer *)arg;
17   int i = 0, valor;
18
19   while (i < 10) {
20     sleep(rand() % 5);
21     valor = buffer->extraer();
22     std::cout << "Consumidor:\t" << valor << std::endl;
23     ++i;
24   }
25   return (void *)true;
26 }
```

4.4. Consideraciones finales

Como ya se introdujo al principio del presente capítulo, concretamente en la sección 4.1, algunas de las limitaciones asociadas a los mecanismos de sincronización de más bajo nivel han propiciado la aparición de otros esquemas de más alto nivel que facilitan la implementación de soluciones concurrentes.

En estos esquemas se encuadran lenguajes de programación como Ada, pero también existen bibliotecas de más alto nivel que incluyen tipos abstractos de datos orientados a la programación concurrente. Con el objetivo de discutir, desde el punto de vista práctico, otra solución distinta a la biblioteca *Pthreads*, el anexo C describe **la biblioteca de hilos de ZeroC ICE**, un *middleware* de comunicaciones orientado a objetos para el desarrollo de aplicaciones cliente/servidor, y los mecanismos de sincronización que ésta proporciona. En este contexto, el lector puede apreciar, desde un punto de vista práctico, cómo las soluciones estudiadas a nivel de proceso en otros capítulos se pueden reutilizar a la hora de interactuar con hilos haciendo uso del **lenguaje de programación C++**.

Finalmente, algunos de los problemas clásicos de sincronización ya estudiados, como por ejemplo los filósofos comensales o el problema del productor/consumidor, se resuelven haciendo uso de la biblioteca de hilos de ICE. Como se podrá apreciar en dicho anexo, las soluciones de más alto nivel suelen mejorar la legibilidad y la mantenibilidad del código fuente.

Capítulo **5**

Planificación en Sistemas de Tiempo Real

L a programación concurrente está asociada inherentemente a la ejecución en paralelo de procesos o hilos. Con el objetivo de evitar una gestión incorrecta de secciones críticas, el programador hace uso de primitivas de sincronización que proporcionen una exclusión mutua en determinadas partes del código. De este modo, y aunque el comportamiento general de un sistema concurrente sea no determinista, el funcionamiento del mismo es correcto.

No obstante, en determinadas situaciones o sistemas de cómputo es necesario establecer restricciones más fuertes con el objetivo de limitar ese *no determinismo* mencionado anteriormente. Por ejemplo, podría ser deseable limitar el tiempo máximo de respuesta de un proceso ya que, por ejemplo, una respuesta demasiado tardía podría ser innecesaria o incluso no permitida considerando los requisitos del problema a resolver.

En este capítulo se aborda la problemática de la planificación, en el contexto particular de los sistemas de tiempo real, como mecanismo general para establecer un determinismo en la ejecución de programas concurrentes. Para ello, se introduce la noción de *tiempo real* y, a continuación, se discuten algunos esquemas representativos de planificación en tiempo real.

5.1. Introducción

La ejecución de tareas, procesos o hilos está asociada, desde un punto de vista general, al i) núcleo de un sistema operativo, como por ejemplo Linux, o a ii) un entorno de ejecución asociado a un lenguaje concreto, como por ejemplo Ada o Java.

Desde una perspectiva general, en ambos casos se persigue un **aumento de la productividad**. Como ejemplo particular, considere un sistema operativo multi-tarea instalado en un *smartphone* con un procesador que está compuesto de dos núcleos físicos de ejecución. En este contexto, será posible ejecutar de manera paralela, por ejemplo, un navegador web y el despliegue de la agente del teléfono. De este modo, la productividad aumenta aunque el tiempo medio de respuesta se vea afectado.

El resultado de la ejecución concurrente de diversos programas está asociado a un modelo no determinista, en el sentido de que no será posible determinar a priori la secuencia de ejecución de los programas involucrados tras múltiples ejecuciones de los mismos. En otras palabras, no existe a priori una garantía de que el proceso p_i se ejecute en un determinado Δt.

Desafortunadamente, en sistemas con **restricciones temporales** existe una **necesidad de determinismo** que condiciona la propia ejecución de los procesos involucrados. Por ejemplo, considere el sistema de eyección en un avión de combate y la necesidad del piloto de abandonar el avión ante una situación de extrema emergencia. Evidentemente, el tiempo de respuesta de dicho sistema ha

Figura 5.1: Actualmente, el concepto de multi-tarea, unido a la proliferación de procesadores multi-núcleo, es esencial para incrementar la productividad de los sistemas software.

de estar acotado por un umbral máximo.

En situaciones de este tipo, con una naturaleza temporal más restrictiva, suele ser necesario utilizar algún tipo de herramienta o incluso lenguaje de programación que dé soporte a este control temporal. En la siguiente sección se discute la noción de *tiempo real* en un contexto de programación concurrente.

Herramienta adecuada

Benjamin Franklin llegó a afirmar que si tuviera que emplear 8 horas en talar un árbol, usaría 6 para afilar el hacha. Elija siempre la herramienta más adecuada para solucionar un problema. En el contexto de la programación en tiempo real, existen entornos y lenguajes de programación, como por ejemplo Ada, que proporcionan un gran soporte al desarrollo de este tipo de soluciones.

5.2.   El concepto de *tiempo real*

Tradicionalmente, la noción de *tiempo real* ha estado vinculada a sistemas empotrados como aspecto esencial en su funcionamiento. Como ejemplo clásico, considere el sistema de *airbag* de un coche. Si se produce un accidente, el sistema ha de garantizar que empleará como máximo un tiempo Δt. Si no es así, dicho sistema será totalmente ineficaz y las consecuencias del accidente pueden ser catastróficas.

Hasta ahora, y dentro del contexto de una asignatura vinculada a la Programación Concurrente y Tiempo Real, este tipo de restricciones no se ha considerado y se ha pospuesto debido a que, normalmente, el control del tiempo real suele estar construido sobre el modelo de concurrencia de un lenguaje de programación [3].

En el ámbito del uso de un lenguaje de programación, la noción de tiempo se puede describir en base a tres elementos independientes [3]:

- **Interfaz con el tiempo**, vinculada al uso de **mecanismos de representación** de conceptos temporales. Por ejemplo, y como se discutirá en breve, considere el uso de una estructura de datos de alto nivel para manejar retardos o *delays*.

- **Representación de requisitos temporales**. Por ejemplo, considere la necesidad de establecer un tiempo máximo de respuesta para un sistema empotrado.

- **Satisfacción de requisitos temporales**, vinculada tradicionalmente a la planificación de procesos. Típicamente, la satisfacción de dicho requisitos considerará el comportamiento del sistema en el peor caso posible con el objetivo de calcular una cota superior.

La notación *Landau* $O(f(x))$ se refiere al conjunto de funciones que acotan superiormente a $f(x)$. Es un planteamiento pesimista que considera el comportamiento de una función en el peor caso posible. En el ámbito de la planificación en tiempo real se sigue esta filosofía.

5.2.1. Mecanismos de representación

Relojes

Dentro de un contexto temporal, una de los aspectos esenciales está asociado al **concepto de reloj**. Desde el punto de vista de la programación, un programa tendrá la necesidad de obtener información básica vinculada con el tiempo, como por ejemplo la hora o el tiempo que ha transcurrido desde la ocurrencia de un evento. Dicha funcionalidad se puede conseguir mediante dos caminos distintos:

- Accediendo al marco temporal del entorno.

- Utilizando un reloj hardware externo que sirva como referencia.

La primera opción no es muy común debido a que el propio entorno necesitaría, por ejemplo, llevar a cabo una sincronización con el reloj a través de interrupciones. La segunda opción es más plausible desde la perspectiva del programador, ya que la información temporal se puede obtener mediante las primitivas proporcionadas por un lenguaje de programación o incluso a través del controlador de un reloj interno o externo.

Esta segunda opción puede parecer muy sencilla y práctica, pero puede no ser suficiente en determinados contextos. Por ejemplo, la programación de sistemas distribuidos puede plantear ciertas complicaciones a la hora de manejar una única referencia temporal por varios ser-

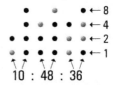
Figura 5.2: El control del tiempo es un aspecto esencial en el ámbito de la programación en tiempo real.

vicios. Por ejemplo, considere que los servicios que conforman el sistema distribuido se ejecutan en tres máquinas diferentes. En esta situación, la referencia temporal de dichos servicios será diferente (aunque probablemente mínima). Para abordar esta problemática, se suele definir un *servidor de tiempo* que proporcione una referencia temporal común al resto de servicios. En esencia, el esquema se basa en la misma solución que garantiza un reloj interno o externo, es decir, se basa en garantizar que la información temporal esté sincronizada.

 En sistemas POSIX, la referencia temporal se mide en segundos desde el 1 de Enero de 1970.

Retomando el reloj como referencia temporal común, es importante resaltar diversos aspectos asociados al mismo, como la resolución o precisión del mismo (por ejemplo 1 segundo o 1 microsegundo), el rango de valores que es capaz de representar y la exactitud o estabilidad que tiene.

Desde el punto de vista de la programación, cada lenguaje suele proporcionar su propia **abstracción de reloj**. Por ejemplo, Ada proporciona dos paquetes vinculados a dicha abstracción:

- *Calendar*, paquete de biblioteca obligatorio que proporciona estructuras de datos y funciones básicas relativas al tratamiento del tiempo.

- *Real_Time*, paquete de biblioteca opcional que proporciona un nivel de granularidad mayor, entre otros aspectos, que *Calendar*.

El **paquete *Calendar* en Ada** implemente el tipo abstracto de datos *Time*, el cual representa un reloj para leer el tiempo. Así mismo, dicho tipo mantiene una serie de funciones para efectuar conversiones entre elementos de tipo *Time* y otras unidades de tiempo asociadas a tipos del lenguaje, como el tipo *entero* usado para representar años, meses o días, o el tipo *Duration* usado para representar segundos. Por otra parte, *Time* también proporciona operadores aritméticos que sirven para combinar parámetros de tipo *Duration* y *Time* y para comparar valores de tipo *Time*.

El tipo abstracto de datos *Time* es un ejemplo representativo de herramienta, proporcionada en este caso por el lenguaje de programación Ada, para facilitar el tratamiento de información temporal.

A continuación, el listado 5.1 muestra el código que permite medir el tiempo empleado en llevar a cabo una serie de cómputos. Como se puede apreciar, *Clock* permite obtener referencias temporales (líneas (5) y (8)) y es posible utilizar el operador de resta para obtener un valor de tipo *Duration* al restar dos elementos del tipo *Time* (línea (10)).

Por otra parte, el **paquete *Real_Time* de Ada** es similar a *Calendar* pero con algunas diferencias reseñables. Por ejemplo, mantiene un nivel de granularidad mayor, hace uso de una constante *Time_Unit*, que es la cantidad menor de tiempo representada por *Time*, y el rango de *Time* ha de ser de al menos 50 años. En resumen, este paquete representa un nivel de resolución mayor con respecto a *Calendar*.

Listado 5.1: Midiendo el tiempo en Ada 95

```
 1  declare
 2     T_Inicial, T_Final : Time;
 3     Intervalo : Duration;
 4  begin
 5     T_Inicial := Clock;
 6     -- Aquí llamadas a funciones
 7     -- y otros cálculos.
 8     T_Final := Clock;
 9     -- Uso de operador -
10     Intervalo := T_Final - T_Inicial;
11  end
```

Retardos

El reloj representa el elemento básico a utilizar por los procesos para poder obtener información temporal. Sin embargo, otro aspecto esencial reside en la capacidad de un proceso, tarea o hilo para suspenderse durante un determinado instante de tiempo. Esta situación está asociada al concepto de **retardo** o **retraso**. Desde un punto de vista general, los retardos pueden clasificarse en dos tipos:

- **Relativos**, los cuales permiten la suspensión respecto al instante actual. Por ejemplo, es posible definir un retardo relativo de 2 segundos.

- **Absolutos**, los cuales permiten retrasar la reanudación de un proceso hasta un instante de tiempo absoluto. Por ejemplo, podría ser necesario garantizar que una acción ha de ejecutarse 5 segundos después del comienzo de otra acción.

En Ada, un retardo relativo se puede implementar fácilmente mediante un bucle de manera que, en cada iteración, el programa compruebe si han transcurrido los n segundos asociados al retardo. El listado de código 5.2 muestra un posible ejemplo asociado a un retraso relativo de 7 segundos.

Listado 5.2: Ejemplo de retardo relativo en Ada

```
 1  Inicio := Clock;
 2
 3  loop
 4     exit when (Clock - Inicio) > 7.0;
 5  end loop;
```

El principal problema de este planteamiento es la *espera activa*, concepto discutido inicialmente en la sección 1.2.2. En este contexto, algunos lenguajes de programación incluyen primitivas que eviten este problema. Por ejemplo, Ada introduce la sentencia *delay* para efectuar un retardo relativo:

Listado 5.3: Uso de *delay* en Ada

```
 1  delay 7.0;
```

En POSIX, los retardos relativos se pueden implementar a través de primitivas como *sleep* o *nanosleep*, en función del nivel de granuralidad deseado por el programador. Estas primitivas garantizan que el proceso que las invocó será ejecutable después de que transcurra el periodo de tiempo indicado como argumento.

 La primitiva *sleep* suspende el hilo de ejecución que realiza la llamada hasta que pasa el tiempo indicado o hasta que recibe una señal no ignorada por el programa. No olvide contemplar este último caso en sus programas.

Por otra parte, un retardo absoluto tiene una complejidad añadida en el sentido de que puede ser necesario calcular el periodo a retrasar o, en función del lenguaje de programación utilizado, emplear una primitiva adicional.

Considere la situación en la que una acción ha de tener lugar 7 segundos después del comienzo de otra. El fragmento de código 5.4 plantea una posible solución.

Listado 5.4: Intento de retraso absoluto en Ada

```
1  Accion_1; -- Ejecución de Acción 1.
2  delay 7.0;
3  Accion_2; -- Ejecución de Acción 2.
```

Este primer planteamiento sería incorrecto, debido a que los 7 segundos de espera se realizan después de la finalización de *Accion_1*, sin considerar el instante de comienzo de la ejecución de ésta.

El siguiente listado contempla esta problemática. Como se puede apreciar, la variable *Transcurrido* de la línea ③ almacena el tiempo empleado en ejecutar *Accion_1*. De este modo, es posible realizar un retraso de $7,0 - Transcurrido$ segundos (línea ⑤) antes de ejecutar *Accion_2*.

Desafortunadamente, este planteamiento puede no ser correcto ya que la instrucción de la línea ⑤ no es atómica, es decir, no se ejecuta en un instante de tiempo indivisible. Por ejemplo, considere la situación en la que *Accion_1* consume 2 segundos. En este caso en concreto, $7,0 - Transcurrido$ debería equivaler a $5,0$. Sin embargo, si justo después de realizar este cálculo se produce un cambio de contexto, el retraso se incrementaría más allá de los $5,0$ segundos calculados.

Listado 5.5: Retraso absoluto en Ada

```
1  Inicio := Clock;
2  Accion_1; -- Ejecución de Acción 1.
3  Transcurrido := Clock - Inicio;
4
5  delay 7.0 - (Transcurrido);
6
7  Accion_2; -- Ejecución de Acción 2.
```

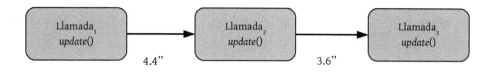

Figura 5.3: Ejemplo de control de la deriva acumulada. Las llamadas a *update* se realizan cada 4 segundos de media.

Algunos lenguajes de programación introducen sentencias específicas que permiten gestionar este tipo de retardos absolutos. En el caso particular de Ada, esta sentencia está representada por la construcción *delay until <Time>*:

Note cómo *delay until* establece un límite inferior, el propio retraso absoluto, antes de que *Accion_2* se ejecute. No obstante, esta solución no contempla la posibilidad de que *Accion_1* tarde más de 7 segundos en ejecutarse.

Listado 5.6: Uso de delay until en Ada

```
1  Inicio := Clock;
2  Accion_1; -- Ejecución de Acción 1.
3
4  delay until (Inicio + 7.0);
5
6  Accion_2; -- Ejecución de Acción 2.
```

Tanto en retardos absolutos como en retardos relativos, el tiempo sobrepasado se denomina **deriva local** y no es posible eliminarlo [3]. Sin embargo, es posible combatir este problema eliminando la **deriva acumulada** que se produce cuando las derivas locales se superponen.

Por ejemplo, considere que es necesario realizar una llamada a una función *update* cada 4 segundos de media para evitar la deriva local que se vaya acumulando (ver figura 5.3). El listado de código 5.7 muestra una posible solución utilizando Ada.

Como se puede apreciar, la sentencia *delay until* combinada con la actualización de *SiguienteLlamada* (líneas 12-13) permite eliminar la deriva acumulada y realizar llamadas a *update* cada 4 segundos.

Finalmente, resulta interesante destacar algunos factores relevantes que afectan a los retardos y que hay que considerar:

- La granularidad del retardo y la del reloj pueden ser distintas. Por ejemplo, PO-SIX soporta una granularidad hasta el nivel de los nanosegundos, mientras que es posible que el reloj de algún sistema no llegue hasta dicho nivel.

- El propio reloj interno puede verse afectado si se implementa mediante un mecanismo basado en interrupciones que puede ser inhibido durante algún instante de tiempo.

Listado 5.7: Gestión de la deriva acumulada en Ada

```
 1  declare
 2      SiguienteLlamada : Time;
 3      -- Tiempo medio de actualización.
 4      Intervalo : constant Duration 5.0;
 5
 6  begin
 7      SiguienteLlamada := Clock + Intervalo;
 8
 9      loop
10          Update;
11          -- Retraso absoluto.
12          delay until SiguienteLlamada;
13          SiguienteLlamada := SiguienteLlamada + Intervalo;
14      end loop;
15
16  end;
```

5.2.2. Control de requisitos temporales

En el ámbito de la programación de sistemas de tiempo real, el control de requisitos temporales es esencial para garantizar un adecuado funcionamiento del sistema. Una de las restricciones más simples que puede tener un sistema empotrado es identificar y actuar en consecuencia cuando un determinado evento no tiene lugar.

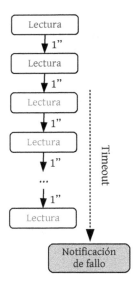

Figura 5.4: Uso de un *timeout* para identificar un fallo de funcionamiento en un sistema empotrado.

Por ejemplo, considere que un sensor de temperatura ha de realizar una comprobación de la misma cada segundo. Sin embargo, y debido a cualquier tipo de problema, esta comprobación puede fallar y no realizarse en un determinado intervalo de tiempo. En este contexto, el sistema podría tener definido un **tiempo de espera límite** o *timeout* de manera que, si éste expira, el sistema pueda emitir una situación de fallo.

Otro posible ejemplo consistiría en garantizar que un determinado fragmento de código no tarde en ejecutarse más de un tiempo predefinido. De no ser así, el programa debería ser capaz de lanzar un mecanismo de recuperación de errores o una excepción.

Hasta ahora, y dentro del contexto de la programación concurrente, no se ha controlado el tiempo empleado por un proceso o hilo en acceder, de manera exclusiva, a la **sección crítica**. En otras palabras, aunque un proceso obtenga el acceso exclusivo a una determinada sección de código, es deseable controlar el tiempo máximo que puede invertir en dicha sección. En esencia, esta gestión está asociada a un control de los requisitos temporales.

Recuerde que cuando un proceso está ejecutando una sección crítica, es bastante probable que otros procesos se encuentren bloqueados para poder acceder a la misma. En determinadas situaciones, será deseable controlar el tiempo máximo que un proceso puede estar en una sección crítica.

POSIX considera en algunas de sus primitivas un tiempo límite para acceder a la sección crítica. Por ejemplo, la primitiva de POSIX *pthread_cond_timedwait* devuelve un error si el tiempo absoluto indicado en uno de sus argumentos se alcanza antes de que un hilo haya realizado un *signal* o *broadcast* sobre la variable de condición asociada (vea sección 4.3.1).

Listado 5.8: Primitiva pthread_cond_timedwait

```
1  #include <pthread.h>
2
3  int pthread_cond_timedwait(pthread_cond_t *restrict cond,
4                             pthread_mutex_t *restrict mutex,
5                             const struct timespec *restrict abstime);
6
7  int pthread_cond_wait(pthread_cond_t *restrict cond,
8                        pthread_mutex_t *restrict mutex);
```

Desafortunadamente, este tipo de bloqueo no es fácilmente limitable ya que mantiene una fuerte dependencia con la aplicación en cuestión. Por ejemplo, en el problema del buffer limitado se puede dar la situación de que los productores se bloqueen a la espera de que los consumidores obtengan algún elemento del buffer. Sin embargo, puede ser que éstos no estén preparadas hasta más adelante para obtener información. En este contexto, el productor debería limitar el tiempo de espera asociado, por ejemplo, al decremento del valor de un semáforo.

El listado de código 5.9 muestra cómo hacer uso de la primitiva *sem_timedwait* de POSIX para tratar esta problemática.

Listado 5.9: Limitando el tiempo de bloqueo en un semáforo

```
1  if (sem_timedwait (empty, tiempo) < 0) {
2      if (errno == ETIMEDOUT) {
3          // Tiempo cumplido.
4      }
5      else {
6          // Otro error.
7      }
8  else {
9      // Decremento realizado.
10 }
```

Otro concepto importante en el ámbito del control de requisitos temporales es el concepto de **evento disparador**, el cual permite abortar una acción si dicho evento ocurre antes. Típicamente, el evento disparador estará asociado al paso de un incremento de tiempo.

El listado de código 5.10 muestra un ejemplo en Ada que limita el tiempo máximo de ejecución de una tarea a 0.25 segundos mediante un evento disparador.

Listado 5.10: Ejemplo de evento disparador en Ada

```
1  select
2     delay 0.25;
3  then abort
4     TareaA;
5  end select;
```

Este tipo de esquemas permite captura *código descontrolado*, acotando superiormente el tiempo de ejecución que puede consumir.

 Recuerde que los tiempos límite de espera se suelen asociar con condiciones de error.

Finalmente, y antes de pasar a la siguiente sección en la que se discutirán distintas opciones de planificación en tiempo real, es importante destacar, como principal conclusión, que en ocasiones no es suficiente con que el software sea lógicamente correcto. Además, éste ha de satisfacer ciertas restricciones temporales, es decir, es necesario contemplar el contexto temporal en el que se ejecuta un sistema.

5.3. Esquemas de planificación

Como ya se introdujo anteriormente en la sección 5.1, en un sistema concurrente no existe, generalmente, una necesidad real de especificar el orden exacto en el que se ejecutan los distintos procesos que participan en el mismo.

Hasta ahora, las restricciones de orden vinculadas a las necesidades de sincronización de los problemas discutidos se han modelado a través del uso de semáforos, monitores o incluso colas de mensajes. Por ejemplo, si recuerda el problema de la barbería discutido en la sección 2.3.5, el cliente tenía que *despertar* al barbero antes de que éste efectuara la acción de *cortar*. Esta interacción se llevaba a cabo mediante un *signal* sobre el semáforo correspondiente.

No obstante, el **comportamiento global** de la simulación de la barbería no era determinista. Por ejemplo, ante distintas ejecuciones con el mismo número inicial de clientes, el resultado sería distinto debido a que el orden de ejecución de las distintas acciones que conforman cada proceso variaría de una simulación con respecto a otra.

Desde una perspectiva general, un sistema concurrente formado por n procesos tendra $n!$ formas distintas de ejecutarse en un procesador, suponiendo un esquema no apropiativo. En esencia, y aunque el resultado final sea el mismo, el comportamiento temporal de los distintos procesos varía considerablemente [3]. Así, si uno de los procesos tiene impuesto un requisito temporal, entonces solamente lo cumplirá en aquellos casos en los que se ejecute al principio.

Un sistema de tiempo real necesita controlar este *no determinismo* a través de algún mecanismo que garantice que los distintos procesos ejecutan sus tareas en el plazo y con las restricciones previamente definidas. Este mecanismo se conoce tradicionalmente como **planificación** o *scheduling*.

 La planificación estática es la que se basa en realizar una predicción antes de la ejecución del sistema, mientras que la dinámica se basa en tomar decisiones en tiempo de ejecución.

En un esquema de planificación se pueden distinguir dos elementos relevantes [3]:

1. Un algoritmo para ordenar el uso de los recursos del sistema, típicamente las CPU.

2. Un mecanismo para predecir el comportamiento del sistema cuando se aplica el algoritmo anterior. Normalmente, la predicción se basa en un planteamiento pesimista, es decir, considera el peor escenario posible para establecer una cota superior. Este tipo de mecanismos permiten conocer si los requisitos temporales establecidos para el sistema se cumplirán o no.

Conceptos relevantes en un esquema de planificación

Antes de llevar a cabo una discusión de distintas alternativas existentes para realizar la planificación de un sistema, resulta importante enumerar ciertos parámetros que son esenciales para acometer dicha tarea.

- **Tiempo máximo de ejecución (C)**, tiempo de ejecución de un proceso en el peor de los casos (*worst-case execution time* o WCET).

- **Interferencia (I)**, tiempo de interferencia del proceso, es decir, el tiempo que acumula un proceso como consecuencia de la interrupción de otros.

- **Bloqueo (B)**, tiempo de bloqueo del proceso en el peor caso (si es aplicable). Por ejemplo, considere el tiempo que un proceso se bloquea como consecuencia de una llamada a *wait* sobre un semáforo.

- *Deadline* **(D)**, tiempo límite de ejecución para un proceso, es decir, el tiempo máximo que pueda transcurrir antes de que finalice su ejecución.

- **Tiempo de respuesta (R)**, tiempo de respuesta de un proceso en el peor caso (si es aplicable).

- **Periodo (T)**, tiempo mínimo entre dos ejecuciones del proceso.

- **Prioridad (P)**, valor número que denota la importancia de un proceso.

Por otra parte, las tareas se pueden clasificar en **periódicas**, si se ejecutan con un periodo determinado, o **esporádicas**, si se ejecutan atendiendo a un evento temporal que las activa.

> Como se discutirá posteriormente, en un sistema de tiempo real el objetivo principal consiste en garantizar que los tiempos de respuesta de todas las tareas sean menores a sus respectivos *deadlines*. Por el contrario, en un sistema que no es de tiempo real, uno de los objetivos principales consiste en minimizar el tiempo de respuesta de las tareas involucradas.

5.3.1. Modelo simple de tareas

En esta sección se describen los fundamentos de un modelo simple de tareas [3] que sirva como base para discutir los aspectos más importante de un sistema de planificación. Sobre este modelo se irán añadiendo distintas características que tendrán como resultado variaciones en el esquema de planificación inicial.

Las principales características de este modelo inicial son las siguientes:

- El número de procesos involucrados en la planificación es fijo.

- Todos los procesos son periódicos y su periodo (T) se conoce a priori.

- Todos los procesos son independientes entre sí.

- No se consideran tiempos asociados a eventos como cambios de contexto.

- El *deadline* (D) de todos los procesos es igual a su periodo. En otras palabras, todo proceso ha de completarse antes de volver a ejecutarse de nuevo.

- El esquema de asignación de prioridades es estático.

- Es posible desalojar a una tarea si existe otra con mayor prioridad lista para ejecutarse.

- El tiempo máximo de ejecución de cada tarea (C) es conocido.

> La independencia de los procesos en el modelo simple posibilita que todos se ejecuten en paralelo, llevando al sistema a su carga máximo y generando un *instante crítico*.

5.3.2. El ejecutivo cíclico

El primer esquema de planificación a discutir se denomina ejecutivo cíclico debido al mecanismo utilizado para ejecutar las distintas tareas involucradas en la planificación. En esencia, el objetivo a alcanzar consiste en definir un modelo de planificación para un conjunto de tareas que se pueda repetir a lo largo del tiempo, de manera que todas ellas se ejecuten con una tasa apropiada.

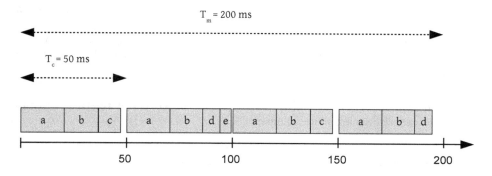

Figura 5.5: Esquema gráfico de planificación según el enfoque de ejecutivo cíclico para el conjunto de procesos de la tabla 5.1.

Proceso	Periodo (T)	Tiempo de ejecución (C)
a	50	20
b	50	16
c	100	10
d	100	8
e	200	4

Tabla 5.1: Datos de un conjunto de procesos para llevar a cabo la planificación en base a un ejecutivo cíclico.

Cuando se hace uso de este esquema no existe noción alguna de concurrencia, ya que las tareas son procedimientos que se planifican para que cumplan sus respectivos *deadlines*. Típicamente, el ejecutivo cíclico se modela como una tabla de llamadas a procedimientos.

Esta tabla representa el concepto de **hiperperiodo** o **ciclo principal**, dividido a su vez en una serie de **ciclos secundarios** de duración fija. El cálculo del ciclo principal (T_m) se realiza obteniendo el mínimo común múltiplo de los periodos de todos los procesos, es decir,

$$T_m = m.c.m(T_i, i \in \{1, 2, \ldots, n\}) \tag{5.1}$$

mientras que el cálculo del ciclo secundario (T_s) se realiza mediante aproximación con el menor periodo de todos los procesos a planificar.

La planificación mediante ejecutivo cíclico se basa en *colocar* en cada ciclo secundario las tareas para garantizar que cumplan sus *deadlines*. La figura 5.5 muestra de manera gráfica el resultado de planificar el conjunto de procesos que contiene la tabla 5.1.

Como se puede apreciar, el esquema de planificación es simple y consiste en ir asignando los procesos a los distintos *slots* temporales que vienen determinados por el valor del ciclo secundario. En este ejemplo en concreto, el valor del ciclo principal es de 200 ms (mínimo común múltiplo de los procesos), mientras que el valor del ciclo secundario es de 50 ms (menor periodo de un proceso).

Note cómo el esquema de planificación garantiza que todos los procesos cumplan sus *deadlines*. Además, la planificación de un ciclo completo (200 ms) garantiza que el esquema es completo en sucesivos hiperperiodos (en sucesivos bloques de 200 ms), ya que la ejecución de los procesos no variará. Desde el punto de vista del funcionamiento interno, se producirá una interrupción de reloj cada 50 ms, de manera que el planificador realiza rondas entre los cuatro ciclos secundarios que componen el hiperperiodo.

El uso de un enfoque de ejecutivo cíclico presenta **consecuencias relevantes** asociadas a las características inherentes al mismo [3]:

- Cada ciclo secundario es una secuencia de llamadas a procedimientos (los procesos no existen en tiempo de ejecución), como se muestra en el listado 5.11.

- No existe la necesidad de gestionar el acceso exclusivo a recursos, ya que los procesos nunca se ejecutan en paralelo.

- Los periodos de todos los procesos han de ser múltiplo del ciclo secundario.

Listado 5.11: Código del ejecutivo cíclico

```
1  do {
2    interrupción; llamada_a; llamada_b; llamada_c;
3    interrupción; llamada_a; llamada_b; llamada_d; llamada_e;
4    interrupción; llamada_a; llamada_b; llamada_c;
5    interrupción; llamada_a; llamada_b; llamada_d;
6  }while(TRUE);
```

Precisamente, esta última consecuencia es la desencadenante de gran parte de las **limitaciones** de este enfoque:

- La integración de procesos no periódicos, es decir, esporádicos, no es sencilla.

- Los procesos con periodos elevados causan problemas de planificación.

- La construcción del ejecutivo cíclico es tediosa, sobre todo si el número de procesos es significativo.

- La integración de procesos con un tiempo de ejecución elevado es problemática y propensa a errores, debido a la necesidad de fragmentarlos en unidades de ejecución.

Aunque cuando se usa el ejecutivo cíclico no es necesario ningún test de planificabilidad adicional, su **construcción es problemática**, especialmente en sistemas de alta utilización. En términos de complejidad computacional, dicha construcción es similar a problemas de optimización clásicos, como por ejemplo el problema de la mochila. Este tipo de problemas son NP-completos y tienen una complejidad exponencial, siendo irresolubles para problemas de un cierto tamaño. En sistemas reales, es posible encontrarse con 50 ciclos secundarios y unas 500 entradas en la tabla del ejecutivo, por lo que es necesario hacer uso de heurísticas que obtengan *buenas soluciones* para construir el propio ejecutivo.

En conclusión, el ejecutivo cíclico puede ser una alternativa viable para sistemas con un número determinado de procesos periódicos. Sin embargo, su baja flexibilidad hace que los sistemas basados en la planificación de procesos, como los que se discuten en la siguiente sección, sean más adecuados.

5.3.3. Planificación basada en procesos

La planificación mediante ejecutivo cíclico no contempla la ejecución de procesos o hilos durante la ejecución, es decir, no hay una noción de concurrencia. Un planteamiento totalmente diferente consiste en soportar la ejecución de procesos, al igual que ocurre en los sistemas operativos modernos. En este contexto, la respuesta a responder es *¿Cuál es el proceso a ejecutar en cada momento?*.

En base a este planteamiento, un proceso puede estar en ejecución o esperando la ocurrencia de algún tipo de evento en un estado de suspensión. En el caso de procesos periódicos, este evento estará temporizado, mientras que en el casode procesos no periódicos o esporádicos, dicho evento no estará temporizado.

Aunque existe una gran variedad de alternativas de planificación, en el presente capítulo se contemplarán las dos siguientes:

1. **Fixed Priority Scheduling (FPS)**, planificación por prioridad estática.

2. **Earliest Deadline First (EDF)**, planificación por tiempo límite más cercano.

El esquema FPS es uno de los más utilizados y tiene su base en calcular, antes de la ejecución, la prioridad P_i de un proceso. Dicha prioridad es fija y estática. Así, una vez calculada la prioridad de todos los procesos, en función de un determinado criterio, es posible establecer una ejecución por orden de prioridad. En sistemas de tiempo real, este criterio se define en base a los requisitos de temporización.

Por otra parte, el esquema EDF se basa en que el próximo proceso a ejecutar es aquél que tenga un menor *deadline* D_i absoluto. Normalmente, el *deadline* relativo se conoce a priori (por ejemplo, 50 ms después del comienzo de la ejecución del proceso), pero el absoluto se calcula en tiempo de ejecución, concediendo una naturaleza dinámica a este tipo de esquema de planificación.

Antes de pasar a discutir los aspecto relevantes de un planificador, es importante considerar la noción de **apropiación** en el contexto de una planificación basada en prioridades. Recuerde que, cuando se utiliza un esquema apropiativo, es posible que un proceso en ejecución con una baja prioridad sea desalojado por otro proceso de más alta prioridad, debido a que este último ha de ejecutarse con cierta urgencia. Típicamente, los esquemas apropiativos suelen ser preferibles debido a que posibilitan la ejecución *inmediata* de los procesos de alta prioridad.

 Existen modelos de apropiación híbridos que permiten que un proceso de baja prioridad no sea desalojado por otro de alta hasta que no transcurra un tiempo limitado, como el modelo de apropiación diferida.

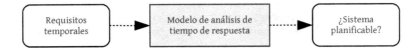

Figura 5.6: El principal cometido de un modelo de análisis del tiempo de respuesta es determinar si un sistema es planificable en base a sus requisitos temporales.

5.4. Aspectos relevantes de un planificador

Como ya se ha comentado anteriormente, el cometido principal de un planificador consiste en determinar en cada instante qué tarea, de aquellas listas para ejecutarse, se ejecutará en la CPU. Para ello, y desde un punto de vista general, el planificador es el responsable de gestionar los siguientes elementos:

- Un **sistema de asignación de prioridades**, responsable de establecer la prioridad de los procesos en base a algún criterio (normalmente asociado a requisitos temporales).

- Un **modelo de análisis del tiempo de respuesta**, responsable de calcular dicho tiempo para determinar si el sistema es planificable de acuerdo a las restricciones temporales impuestas por el entorno.

 Un sistema de tiempo real es planificable si los tiempos de respuesta de todos los procesos o tareas que lo componen son menores que sus respectivos *deadlines*.

La implementación de este modelo de análisis se puede realizar de diversas formas, como por ejemplo mediante i) el cálculo del denominado *factor de utilización* que, aunque no es exacto, es simple y práctico, ii) la generación de un **esquema gráfico** que muestre la planificación del sistema o iii) utilizando algún esquema matemático para el **cálculo del tiempo de respuesta**.

En las siguientes secciones se discutirán aspectos tanto del sistema de asignación de prioridades como de cada una de las opciones mencionadas para implementar el modelo de análisis del tiempo de respuesta.

5.4.1. Sistema de asignación de prioridades

Considerando el modelo simple introducido en la sección 5.3.1, es posible establecer un esquema óptimo de asignación de prioridades denominado **rate monotonic** (*tasa monotónica*) [3]. Básicamente, a cada proceso p_i se le asigna una prioridad única P_i basada en el valor de su periodo T_i, de manera que los procesos con un periodo menor tendrán una prioridad más alta,

$$\forall i, j \in \{1, 2, \ldots, n\}(i \neq j), T_i < T_j \Rightarrow P_i > P_j \tag{5.2}$$

Este esquema de asignación es óptimo para un conjunto de procesos planificado mediante un esquema de prioridades estático y apropiativo.

Note que en el modelo simple planteado anteriormente, el *deadline* de un proceso es igual a su periodo, es decir, $D = T$. Por lo tanto, este esquema de asignación de prioridades coincide con el esquema **Deadline Monotonic Scheduling (DMS)**. La principal consecuencia es que los procesos o tareas con un menor *deadline* tendrán una mayor prioridad. Este esquema es óptimo para sistemas de tiempo real críticos, asumiendo el modelo simple con tareas esporádicas y bloqueos.

5.4.2. Modelo de análisis del tiempo de respuesta

Factor de utilización

El concepto de *factor de utilización* está vinculado a un test de planificabilidad que, aunque no es exacto, es muy simple y práctico. La base de este test se fundamenta en que, considerando la utilización de un conjunto de procesos, empleando el esquema FPS, se puede garantizar un test de planificabilidad si se cumple la siguiente ecuación para todos los procesos [7]:

$$\sum_{i=1}^{N}\left(\frac{C_i}{T_i}\right) \leq N(2^{\frac{1}{N}} - 1) \tag{5.3}$$

El sumatorio de la parte izquierda de la ecuación representa la utilización total del conjunto de procesos. Este valor se compara con el *límite de utilización* que viene determinado por la parte derecha de la ecuación. La tabla 5.2 muestra el límite de utilización para algunos valores de N (número de procesos).

N (nº de procesos)	Límite de utilización
1	1
2	0.828
3	0.78
4	0.757
5	0.743
10	0.718

Tabla 5.2: Límite de utilización para distintos números de procesos (N) involucrados en la planificación.

 En determinadas situaciones, los tests de planificabilidad no necesitan ser estrictamente precisos, sino que es suficiente con proporcionar una aproximación realista.

Para ejemplificar este sencillo test de planificabilidad, la tabla 5.3 muestra 3 procesos con sus respectivos atributos.

Proceso	T	C	P	U (Factor de utilización)
a	50	10	1	0.2
b	40	10	2	0.25
c	20	5	3	0.25

Tabla 5.3: Límite de utilización para distintos valores del número de procesos (N) involucrados en la planificación.

En el ejemplo de la tabla 5.3, la utilización total es de 0,7, valor menor a 0,78 (ver tabla 5.2), por lo que el sistema es planificable.

Esquema gráfico

En la figura 5.5 ya se mostró un esquema gráfico con el objetivo de mostrar un enfoque de planificación basado en el ejecutivo cíclico. En concreto, dicho esquema gráfico se corresponde con un **diagrama de Gantt**.

Por otra parte, también es posible emplear un esquema gráfico basado en el uso de las denominadas **líneas de tiempo**. La figura 5.7 muestra estos dos esquemas en relación a los procesos de la tabla 5.3.

En el caso particular de las líneas de tiempo, es necesario plantearse hasta cuándo es necesario trazar dichas líneas de tiempo para garantizar que ningún proceso incumple su *deadline*. La clave reside en dibujar una línea temporal igual al tamaño del periodo más largo [7].

 Si todos los procesos cumplen su primer *deadline* temporal, entonces lo cumplirán también en el futuro.

Cálculo del tiempo de respuesta

Aunque los tests basados en la utilización y los esquemas gráficos discutidos en las anteriores secciones son mecanismos sencillos y prácticos para determinar si un sistema es planificable, no son escalables a un número de procesos relevante y plantean ciertas limitaciones que hacen que sean poco flexibles. Por lo tanto, es necesario plantear algún otro esquema que sea más general y que posibilite añadir más complejidad al modelo simple de tareas introducido en la sección 5.3.1.

En esta sección se discute un esquema basado en **dos pasos** bien diferenciados:

1. Cálculo del tiempo de respuesta de todos los procesos mediante una aproximación analítica.

2. Comparación del tiempo de respuesta de todos los procesos con sus respectivos *deadlines*.

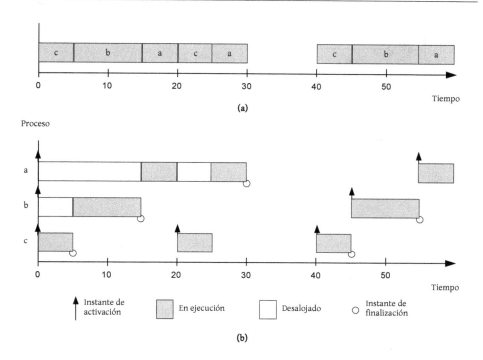

Figura 5.7: Distintos esquemas gráficos utilizados para mostrar patrones de ejecución para los procesos de la tabla 5.3. **(a)** Diagrama de Gantt. **(b)** Líneas de tiempo.

Estos dos pasos sirven para comprobar la expresión

$$R_i \leq D_i \forall i \in \{1, 2, \ldots, n\} \tag{5.4}$$

es decir, si el tiempo de respuesta R_i de todo proceso p_i es menor a su *deadline* d_i, entonces se puede afirmar que el **sistema es planificable**. En otras palabras, se puede afirmar que todo proceso p_i cumplirá sus requisitos temporales. Para llevar a cabo estas comparaciones se realiza un análisis individual a nivel de proceso.

El caso más sencillo en un esquema apropiativo basado en prioridades fijas está representado por el proceso de mayor prioridad, ya que éste no recibirá ninguna interrupción por ningún otro proceso. En el peor de los casos, el tiempo de respuesta de dicho proceso será igual al tiempo de ejecución en el peor caso, es decir, $R = C$. Sin embargo, para cualquier otro proceso p_i que pueda recibir interrupciones por parte de procesos de mayor prioridad, la expresión del tiempo de respuesta R_i vendrá determinada por

$$R_i = C_i + I_i \tag{5.5}$$

donde I_i es el tiempo asociado a la interferencia máxima que p_i puede sufrir, como consecuencia de algún desalojo, en el intervalo de tiempo $[t, t + R_i]$.

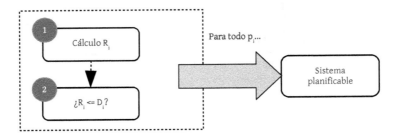

Figura 5.8: Esquema gráfico de un esquema de análisis del tiempo de respuesta para un conjunto de procesos o tareas.

 La interferencia máxima sufrida por un proceso se da cuando todos los procesos que tienen una mayor prioridad se activan. Esta situación se denomina *instante crítico*.

A continuación se deducirá el tiempo de interferencia de un proceso p_i. Para ello, suponga que todos los procesos se activan en un mismo instante de tiempo, por ejemplo en el instante 0, y que existe un proceso p_j con mayor prioridad que p_i, es decir, $P_j > P_i$. En este caso, el proceso p_j será activado un determinado número de veces (al menos una) dentro del intervalo $[0, R_i)$, es decir, dentro del intervalo en el que p_i completará su ejecución. Para obtener el número de veces que p_j se activa en dicho intervalo se puede emplear la ecuación

$$Activaciones = \lceil \frac{R_i}{T_j} \rceil \qquad (5.6)$$

Informalmente, esta ecuación permite calcular el número de veces que el periodo de p_j es menor al tiempo de respuesta de p_i, es decir, el número de veces que p_j interrumpirá a p_i. La función techo se usa para obtener el menor entero que sea mayor que el resultado de dicha división. Por ejemplo, si R_i es 12 y T_j es 5, entonces se producirán tres activaciones de p_j en los instantes 0, 5 y 10.

A partir de este razonamiento, el cálculo del tiempo total de interrupción de p_j sobre p_i es sencillo, ya que sólo hay que considerar cuánto tiempo interrumpe p_j a p_i en cada activación. Dicho tiempo viene determinado por C_j, es decir, el tiempo de ejecución de p_j en el peor caso posible. Por lo tanto, la expresión de I_i es la siguiente:

$$I_i = \lceil \frac{R_i}{T_j} \rceil * C_j \qquad (5.7)$$

En el ejemplo anterior, si $C_j = 7$, entonces I_i será igual a 21.

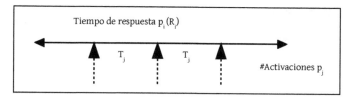

Figura 5.9: Esquema gráfica del número de activaciones de un proceso p_j con periodo T_j que interrumpe a un proceso p_i con un tiempo de respuesta total R_i.

Debido a que cada proceso de más alta prioridad que p_i puede interrumpirlo (al igual que hace p_j), la expresión general de I_i es la siguiente:

$$I_i = \sum_{j \in hp(i)} (\lceil \frac{R_i}{T_j} \rceil * C_j) \tag{5.8}$$

donde $hp(i)$ representa el conjunto de procesos con mayor prioridad (*higher priority*) que p_i.

Si se sustituye el resultado de la ecuación 5.8 en la ecuación 5.5, entonces se obtiene la expresión final de R_i:

$$R_i = C_i + \sum_{j \in hp(i)} (\lceil \frac{R_i}{T_j} \rceil * C_j) \tag{5.9}$$

La ecuación 5.9 tiene la peculiaridad de que R_i aparece tanto en la parte izquierda como en la parte derecha de la misma. Sin embargo, dicha ecuación se puede resolver mediante una relación de recurrencia mediante un proceso de iteración:

$$w_i^0 = C_i + \sum_{j \in hp(i)} (C_j)$$

$$w_i^1 = C_i + \sum_{j \in hp(i)} (\lceil \frac{w_i^0}{T_j} \rceil * C_j)$$

$$w_i^2 = C_i + \sum_{j \in hp(i)} (\lceil \frac{w_i^1}{T_j} \rceil * C_j)$$

O en general:

$$w_i^n = C_i + \sum_{j \in hp(i)} (\lceil \frac{w_i^{n-1}}{T_j} \rceil * C_j) \tag{5.10}$$

Debido a que el conjunto $\{w_i^0, w_i^1, w_i^2, \ldots, w_i^n\}$ es monótono no decreciente, en el ámbito de la planificación en tiempo real se podrá parar de iterar cuando se cumpla una de las dos siguientes condiciones:

- Si $w_i^{n-1} = w_i^n$, entonces ya se habrá encontrado la solución a la ecuación, es decir, el valor de R_i.

- Si $w_i^n > D_i$, entonces no es necesario seguir iterando ya que el sistema no será planificable respecto al proceso o tarea p_i, ya que su tiempo de respuesta es mayor que su *deadline*.

Una vez alcanzado el punto en el que se ha discutido un modelo análitico para el cálculo del tiempo de respuesta de un proceso, es importante recordar que **un sistema de tiempo real es planificable si y sólo si** $\forall i \in \{1, 2, \ldots, n\}, R_i \leq D_i$, es decir, si los tiempos de respuesta de todos los procesos son menores o iguales a sus respectivos *deadlines*. Esta condición es una condición suficiente y necesaria para que el sistema sea planificable. Además, este modelo de análisis de tiempo real se puede completar, como se discutirá más adelante, siendo válido para computar el tiempo de respuesta.

A continuación se muestra un **ejemplo de cálculo del tiempo de respuesta** para el conjunto de procesos cuyas características se resumen en la tabla 5.4.

Proceso	T	C	P
a	80	40	1
b	40	10	2
c	20	5	3

Tabla 5.4: Periodo (**T**), tiempo de ejecución en el peor de los casos (**C**) y prioridad (**P**) de un conjunto de tres procesos para el cálculo del tiempo de respuesta (**R**).

El proceso de mayor prioridad, es decir, el proceso c, tendrá un tiempo de respuesta R_c igual a su tiempo de ejecución C_c, ya que no sufrirá interrupción alguna por otro proceso (el resto de procesos tienen menor prioridad).

Para el siguiente proceso de mayor prioridad, es decir, para el proceso b, será necesario realizar el cálculo de su tiempo de respuesta R_b utilizando la ecuación 5.10:

$$w_b^0 = C_b + C_c = 10 + 5 = 15$$

A continuación, se calcula w_b^1

$$w_b^1 = C_b + \sum_{j \in hp(b)} (\lceil \frac{w_b^0}{T_j} \rceil * C_j) = 10 + \lceil \frac{15}{40} \rceil * 5 = 15$$

Debido a que $w_b^0 = w_b^1$, no es necesario realizar otra iteración. Por lo tanto, $R_b = 15 \leq D_b = 40$ (recuerda que en el modelo simple, $T = D$), siendo planificable dentro del sistema.

El proceso a recibirá interrupciones de b y de c al ser el proceso de menor prioridad. De nuevo, se repite el procedimiento,

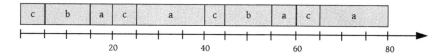

Figura 5.10: Diagrama de Gantt para el conjunto de procesos de la tabla 5.4.

$$w_a^0 = C_a + C_b + C_c = 40 + 10 + 5 = 55$$

$$w_a^1 = C_a + \sum_{j \in hp(a)} (\lceil \frac{w_a^0}{T_j} \rceil * C_j) = 40 + \lceil \frac{55}{40} \rceil * 10 + \lceil \frac{55}{20} \rceil * 5 = 40 + 20 + 15 = 75$$

Debido a que $w_a^0 \neq w_a^1$, es necesario realizar otra iteración:

$$w_a^2 = C_a + \sum_{j \in hp(a)} (\lceil \frac{w_a^1}{T_j} \rceil * C_j) = 40 + \lceil \frac{75}{40} \rceil * 10 + \lceil \frac{75}{20} \rceil * 5 = 40 + 20 + 20 = 80$$

Finalmente

$$w_a^3 = C_a + \sum_{j \in hp(a)} (\lceil \frac{w_a^2}{T_j} \rceil * C_j) = 40 + \lceil \frac{80}{40} \rceil * 10 + \lceil \frac{80}{20} \rceil * 5 = 40 + 20 + 20 = 80$$

El tiempo de respuesta del proceso a cumple estrechamente su restricción temporal ya que, en este caso, $R_a = D_a$. Sin embargo, el sistema es planificable ya que los tiempos de respuesta de todos los procesos son menores o iguales a sus *deadlines*.

Es fácil comprobar que el sistema es planificable dibujando el diagrama de Gantt asociado al conjunto de procesos, tal y como muestra la figura 5.10.

5.4.3. Extendiendo el modelo simple de tareas

En esta sección se extiende el modelo simple planteado en la sección 5.3.1, incluyendo aspectos relevantes como por ejemplo tareas esporádicas y la posibilidad de que un proceso bloquee a otro como consecuencia, por ejemplo, de la adquisición de un recurso compartido.

En primer lugar, ahora se consideran procesos con un ***deadline* inferior a su periodo** $(D < T)$ con el objetivo de manejar un modelo menos pesimista que el anterior.

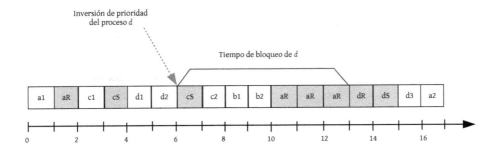

Figura 5.11: Diagrama de Gantt para el ejemplo de inversión de prioridad para el conjunto de procesos de la tabla 5.5.

En segundo lugar, se considera la posibilidad de **interacción entre procesos,** hecho que condiciona el cálculo del tiempo de respuesta. Esta interacción se plantea en términos de un sistema concurrente de manera que un proceso de baja prioridad puede bloquear a otra tarea de alta prioridad debido a que utilice un recurso que esta última necesite durante un periodo de tiempo. Este tipo de situaciones se enmarcan en el concepto de **inversión de prioridad** y, aunque no se pueden evitar por completo, sí que es posible mitigar su efecto. Por ejemplo, se puede plantear un esquema que limite el bloqueo y que éste sea ponderable.

Si se considera este nuevo factor para realizar el cálculo del tiempo de respuesta de un proceso, entonces la ecuación 5.5 se reformula de la siguiente forma:

$$R_i = C_i + I_i + B_i \qquad\qquad (5.11)$$

donde B_i es el máximo tiempo de bloqueo que puede sufrir el proceso p_i.

Como ejemplo práctico, considere un sistema con cuatro procesos (a, b, c y d) cuyas prioridades han sido calculadas en base a un esquema *Deadline Monotonic Scheduling*. El tiempo de activación de las tareas, así como su secuencia de ejecución, son conocidos. Además, los procesos comparten dos recursos R y S de una única instancia (por ejemplo, dos impresoras), es decir, son recursos de acceso exclusivo. La tabla 5.5 muestra los datos de este ejemplo de inversión de prioridad.

Proceso	P	Instante de activación	Secuencia de ejecución
a	1	0	ERRRRE
b	2	2	EE
c	3	2	ESSE
d	4	4	EERSE

Tabla 5.5: Atributos relevantes para un ejemplo de planificación considerando inversión de prioridad (**E**, ciclo de ejecución; **R**, ciclo de acceso al recurso R; **S**, ciclo de acceso al recurso S).

En la figura 5.11 se puede observar cómo se comporta el sistema en base a los atributos definidos en la tabla anterior.

A partir de la representación gráfica de la figura anterior, es sencillo obtener el tiempo de respuesta de los diferentes procesos del sistema: $R_a = 17$, $R_b = 8$, $R_c = 6$ y $R_d = 12$. En principio, era previsible esperar un tiempo de respuesta alto para el proceso de menor prioridad, es decir, para el proceso a, debido a que se ha utilizado un esquema apropiativo. Sin embargo, el tiempo de respuesta para el proceso de mayor prioridad, es decir, el proceso d, es excesivamente alto. La razón se debe a la **inversión de prioridad** que sufre en el ciclo 6 debido a la necesidad de utilizar un recurso (R) adquirido anteriormente por el proceso a, además de emplear un esquema basado en prioridades puramente estáticas.

El protocolo de herencia de prioridad

Un posible mecanismo para mitigar la inversión por prioridad consiste en utilizar la herencia de prioridad [4]. En esencia, este esquema se basa en que la prioridad de un proceso no sea estática, sino que ésta cambie cuando, por ejemplo, un proceso está a la espera de la ejecución de una sección crítica por parte de otro proceso. Por ejemplo, si un proceso p_1 está suspendido esperando a que otro proceso p_2 termine de acceder a un objeto protegido, entonces la prioridad de p_2 obtiene el mismo valor (hereda) que la prioridad de p_1, en caso de que fuera menor.

Este planteamiento posibilita que el proceso que herede una prioridad alta tenga preferencia sobre otros procesos que, en caso de no utilizar este esquema, alargarían el tiempo de respuesta de la tarea cuya prioridad se hereda. En el ejemplo de la figura 5.11, si el proceso a hubiese heredado la prioridad del proceso d al acceder al recurso R, entonces a tendría prioridad sobre b y c, respectivamente.

 Cuando se utiliza un protocolo de herencia de prioridad, la prioridad de un proceso será el máximo de su propia prioridad y las prioridades de otros procesos que dependan del mismo.

Para llevar a cabo un cálculo del tiempo de bloqueo de un proceso utilizando este esquema simple de herencia de prioridad se puede utilizar la siguiente fórmula [3]:

$$B_i = \sum_{r \in 1}^{R} (utilizacion(r, i) * C_r) \qquad (5.12)$$

donde R representa el número de recursos o secciones críticas, mientras que, por otra parte, $utilizacion(r, i) = 1$ si el recurso r se utiliza al menos por un proceso cuya prioridad es menor que la de p_i y, al menos, por un proceso con prioridad mayor o igual a p_i. Si no es así, $utilizacion(r, i) = 0$. Por otra parte, C_r es el tiempo de ejecución del recurso o sección crítica r en el peor caso posible.

La figura 5.12 muestra las líneas temporales y los tiempos de respuesta para el conjunto de procesos de la tabla 5.5 utilizando un esquema simple en el que se refleja el problema de la inversión de prioridad y el protocolo de herencia de prioridad, respectivamente.

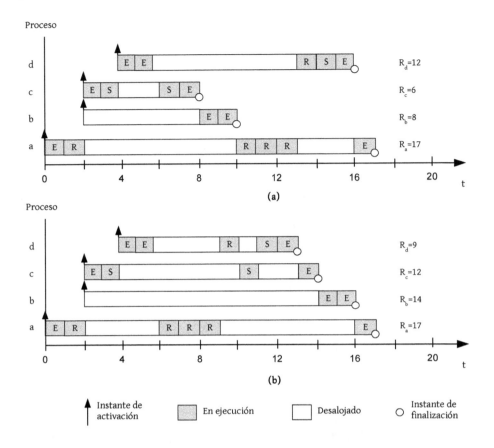

Figura 5.12: Líneas de tiempo para el conjunto de procesos de la tabla 5.5 utilizando **a)** un esquema de prioridades fijas con apropiación y **b)** el protocolo de herencia de prioridad. A la derecha de cada proceso se muestra el tiempo de respuesta asociado.

En el caso del esquema simple, se puede apreciar de nuevo cómo el tiempo de respuesta del proceso d, el cual tiene la mayor prioridad, es de 17 unidades de tiempo, siendo el tiempo de respuesta más alto de todos los procesos. El extremo opuesto está representado, curiosamente, por el proceso de menor prioridad, es decir, el proceso a, cuyo tiempo de respuesta es el menor de todos (9 unidades de tiempo). Una vez más, se puede apreciar cómo el bloqueo del recurso S por parte del proceso a penaliza enormemente al proceso d.

En el caso del protocolo de herencia de prioridad, este problema se limita considerablemente. Observe cómo el proceso a hereda la prioridad del proceso d cuando el primero adquiere el recurso R. Este planteamiento permite que a libere R tan pronto como sea posible para que d pueda continuar su ejecución.

De este modo, R_d se decrementa hasta las 9 unidades de tiempo, mientras que R_a se mantiene en 17. El proceso de mayor prioridad ha finalizado antes que en el caso con inversión de prioridad.

Desafortunadamente, R_c y R_b se han visto penalizados debido a la herencia de prioridad de a durante el tiempo de uso del recurso R.

El tiempo de bloqueo asociado al protocolo de herencia de prioridad se puede calcular fácilmente para el ejemplo discutido mediante la ecuación 5.12. Así, es posible obtener los respectivos tiempos de bloqueo de los diferentes procesos:

$$B_a = 0$$

$$B_b = C_{a,R} = 4$$

$$B_c = C_{a,R} = 4$$

$$B_d = C_{c,S} + C_{a,R} = 2 + 3 = 5$$

El protocolo de techo de prioridad inmediato

El protocolo de herencia de prioridad garantiza un límite superior en relación al número de bloqueos que un proceso de alta prioridad puede sufrir. Sin embargo, este límite puede contribuir a que el cálculo de tiempo de respuesta en el peor caso sea demasiado pesimista. Por ejemplo, en la sección anterior se ha mostrado cómo el protocolo de herencia de prioridad genera una **cadena de bloqueos** que hace que el tiempo de respuesta de varios procesos se vea afectado negativamente.

En este contexto, el gestor de recursos es el responsable de minimizar el bloqueo y eliminar las condiciones de fallo o interbloqueos. Los **protocolos de acotación de prioridad** [11] permiten tratar con esta problemática. En esta sección se discutirá el protocolo de techo de prioridad inmediato, pero también se comentarán aspectos del protocolo original de acotación de prioridad. Estos dos protocolos de acotación comparten algunas características (al ejecutarse en sistemas con una única CPU) [3]:

- Un proceso de prioridad alta sólo puede ser bloqueado una vez por procesos de prioridad inferior.

- Los interbloqueos se previenen.

- Los bloqueos transitivos se previenen.

- El acceso exclusivo a los recursos está asegurado.

Básicamente, los protocolos de acotación de prioridad garantizan que si un recurso está siendo bloqueado por un determinado proceso p_1, y esta situación conduce a que otro proceso p_2 con mayor prioridad se bloquee, entonces no se permite que ningún otro recurso que pueda bloquear a p_2 sea bloqueado más que por p_1.

En los protocolos de acotación de prioridad, la ejecución de un proceso se puede posponer incluso cuando el bloqueo de un recurso puede desencadenar un bloqueo múltiple de procesos de mayor prioridad.

En el caso particular del **protocolo de techo de prioridad inmediato** es importante considerar las siguientes propiedades [3]:

- Cada proceso p_i tiene asignada una prioridad P_i por defecto (por ejemplo, utilizando un esquema DMS).

- Cada recurso r_i tiene asociado un valor cota estático o **techo de prioridad** TP_i, que representa la prioridad máxima de los procesos que hacen uso del mismo.

- Cada proceso p_i puede tener una prioridad dinámica, que es el valor máximo entre su propia prioridad estática y los techos de prioridad de los recursos que tenga bloqueados.

En esencia, el protocolo de techo de prioridad inmediato consiste en que un proceso sólo puede hacer uso de un recurso si su prioridad dinámica es mayor que el techo de todos los recursos que están siendo usados por otros procesos. Por ejemplo, si un proceso p_1 utiliza un recurso r_1 con techo de prioridad Q y otro proceso p_2 con prioridad P_2, $P_2 \leq Q$, quiere usar otro recurso r_2, entonces el proceso p_2 también se bloquea.

La duración máxima de un bloqueo viene determinada por la siguiente ecuación:

$$B_i = max\{C_{j,k}\}, j \in lp(i), k \in hc(i) \tag{5.13}$$

El **tiempo de bloqueo** B_i de un proceso p_i viene determinado por el máximo tiempo de uso de un recurso por parte de un proceso, considerando el conjunto de procesos con menor prioridad que P_i accediendo a recursos con un techo de prioridad igual o mayor a P_i.

El planteamiento del protocolo de techo de prioridad inmediato tiene ciertas consecuencias:

- Cada proceso se bloquea como máximo en una ocasión.

- No existen cadenas de bloqueos ni interbloqueos.

- Cuando una tarea adquiere un recurso, entonces hereda su techo de prioridad mientras lo utilice.

La figura 5.13 muestra la línea de tiempo del conjunto de procesos de la tabla 5.5.

En primer lugar, es necesario calcular el techo de prioridad de los recursos R y S, considerando el máximo de las prioridades de los procesos que hacen uso de ellos:

$$TP_R = max\{P_a, P_d\} = max\{1, 4\} = 4$$

$$TP_S = max\{P_c, P_d\} = max\{3, 4\} = 4$$

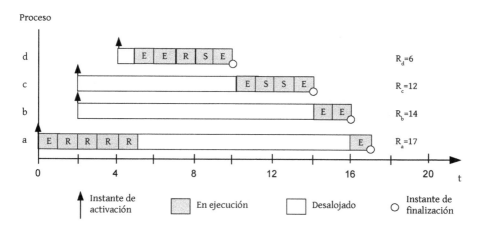

Figura 5.13: Línea de tiempo para el conjunto de procesos de la tabla 5.5 utilizando el protocolo de techo de prioridad inmediato.

En el instante de tiempo 1, el proceso a actualiza su prioridad dinámica a 4, es decir, utilizando el valor del techo de prioridad del recurso R. Por ello, y aun cuando en los instantes de tiempo 2 y 4, respectivamente, se activan el resto de procesos, el proceso a no es desalojado.

Es importante considerar cuándo se produce la reducción efectiva de la prioridad dinámica de un proceso. Por ejemplo, el proceso a retornará a su prioridad *por defecto* justo después de liberar el recurso R, es decir, en el instante de tiempo 5.

Por otra parte, el tiempo de respuesta de los procesos es idéntico al calculado cuando se utiliza el protocolo de herencia de prioridad, salvo por el proceso d, el cual tiene la mayor prioridad. En este caso, dicho proceso ha reducido su tiempo de respuesta en un 33 %, pasando de 9 unidades de tiempo a 6.

Ejercicio práctico 1. Protocolo de herencia de prioridad

En este apartado se plantea un problema de planificación concreto en el que se aplica el protocolo de herencia de prioridad y se calculan tiempos de bloqueo, interferencia y respuesta.

Considere un sistema de tiempo real compuesto de cuatro tareas críticas cuyas características se muestran resumidas en la tabla 5.6. El método de planificación está basado en prioridades fijas con desalojo en base a un esquema *Deadline Monotonic Scheduling*. El acceso a los recursos se realiza mediante el protocolo de herencia de prioridad.

Calcule las prioridades y el tiempo de bloqueo de las tareas. Obtenga el tiempo de respuesta de la tarea a.

En primer lugar, se procede a realizar el **cálculo de las prioridades** de las tareas en base a un esquema DMS, es decir, asignando una mayor prioridad a aquellas tareas cuyo *deadline* sea menor. Así,

Tarea	T	C	D	r_1	r_2	r_3	r_4
a	80	10	80	3	-	-	5
b	150	20	150	2	2	1	-
c	100	10	15	1	1	-	-
d	500	12	30	2	-	4	-

Tabla 5.6: Periodo (**T**), tiempo de ejecución en el peor de los casos (**C**), *deadline*, y tiempo de uso de los recursos r_1, r_2, r_3 y r_4 para un conjunto de cuatro procesos.

$$P_a = 2, P_b = 1, P_c = 4, P_d = 3$$

En segundo lugar, el **tiempo de bloqueo** se obtiene haciendo uso de la ecuación 5.12. Así,

$$B_b = 0$$

$$B_a = C_{b,r_1} + C_{b,r_2} + C_{b,r_3} = 2 + 2 + 1 = 5$$

$$B_d = C_{b,r_1} + C_{a,r_1} + C_{b,r_2} + C_{b,r_3} = 2 + 3 + 2 + 1 = 8$$

$$B_c = C_{b,r_1} + C_{a,r_1} + C_{d,r_1} + C_{b,r_2} = 2 + 3 + 2 + 2 = 9$$

Recuerde que para contabilizar el tiempo de uso de un recurso r_i por parte de una tarea p_i, dicho recurso ha de usarse al menos por una tarea con menor prioridad que P_i y al menos por una tarea con prioridad mayor o igual a P_i.

Finalmente, para calcular el **tiempo de respuesta** de la tarea a es necesario hacer uso de la ecuación 5.11 (considerando no sólo el tiempo de bloqueo B_i sino también el de interferencia I_i) e iterando según la ecuación 5.10. Así,

$$w_a^0 = C_a + B_a + I_a = C_a + B_a + C_c + C_d = 10 + 5 + 10 + 12 = 37$$

$$w_a^1 = C_a + B_a + I_a = C_a + B_a + \lceil \frac{w_a^0}{T_c} \rceil * C_c + \lceil \frac{w_a^0}{T_d} \rceil * C_d =$$
$$10 + 5 + \lceil \frac{37}{100} \rceil * 10 + \lceil \frac{37}{50} \rceil * 12 = 37$$

Debido a que $w_a^0 = w_a^1$, entonces $R_a = w_a^1 = 37$.

Ejercicio práctico 2. Techo de prioridad inmediato

En este apartado se plantea un problema de planificación concreto en el que se aplica el protocolo de techo de prioridad inmediato y se calculan tiempos de bloqueo, interferencia y respuesta.

Considere un sistema de tiempo real compuesto de cuatro tareas críticas cuyas características se muestran resumidas en la tabla 5.7. El método de planificación está basado en prioridades fijas con desalojo y un esquema *Deadline Monotonic Scheduling*. El acceso a los recursos se realiza mediante el protocolo de techo de prioridad inmediato.

Tarea	T	C	D	r_1	r_2	r_3	r_4
a	100	20	100	3	-	-	5
b	200	20	200	2	2	-	-
c	100	5	15	1	-	-	-
d	50	12	20	2	-	4	-

Tabla 5.7: Periodo (**T**), tiempo de ejecución en el peor de los casos (**C**), *deadline*, y tiempo de uso de los recursos r_1, r_2, r_3 y r_4 para un conjunto de cuatro procesos.

Calcule las prioridades de las tareas y el techo de prioridad de los recursos. Obtenga el tiempo de bloqueo de las tareas y discuta si el sistema es planificable o no.

En primer lugar, se procede a realizar el **cálculo de las prioridades** de las tareas, considerando que la tarea con un menor *deadline* tiene una mayor prioridad. De este modo,

$$P_a = 2, P_b = 1, P_c = 4, P_d = 3$$

A continuación se obtiene el techo de prioridad de los recursos. Recuerde que el techo de prioridad de un recurso es la prioridad máxima de las tareas que hacen uso del mismo. Así,

$$TP_{r_1} = max\{P_a, P_b, P_c, P_d\} = max\{2, 1, 4, 3\} = 4$$

$$TP_{r_2} = max\{P_b\} = max\{1\} = 1$$

$$TP_{r_3} = max\{P_d\} = max\{3\} = 3$$

$$TP_{r_4} = max\{P_a\} = max\{4\} = 4$$

En segundo lugar, el **tiempo de bloqueo** se obtiene haciendo uso de la ecuación 5.13. Recuerde que dicho valor, cuando se aplica el protocolo de techo de prioridad inmediato, viene determinado por el máximo tiempo de uso de un recurso por parte un proceso, considerando el conjunto de procesos con menor prioridad que P_i accediendo a recursos con un techo de prioridad igual o mayor a P_i. Así,

$$B_d = max\{C_{a,r_1}, C_{a,r_3}, C_{b,r_1}, C_{b,r_3}\} = max\{3, -, 2, -\} = 3$$

A la hora de calcular B_d, Note cómo en la tabla 5.8 se resaltan los dos procesos (a y b) que cumplen la anterior restricción. Por lo tanto, habría que obtener el máximo de utilización de dichos procesos con respecto a los recursos que tienen un techo mayor o igual que P_d, tal y como muestra la tabla 5.9.

Tarea	T	C	D	r_1	r_2	r_3	r_4
a	100	20	100	3	-	-	5
b	200	20	200	2	2	-	-
c	100	5	15	1	-	-	-
d	50	12	20	2	-	4	-

Tabla 5.8: Obteniendo b_d (tiempo de bloqueo de la tarea d). Las tareas a y d son las que tienen menor prioridad que d (únicas que pueden bloquearla).

Tarea	T	C	D	r_1	r_2	r_3	r_4
a	100	20	100	3	-	-	5
b	200	20	200	2	2	-	-
c	100	5	15	1	-	-	-
d	50	12	20	2	-	4	-

Tabla 5.9: Obteniendo b_d (tiempo de bloqueo de la tarea d). Los recursos r_1 y r_3 tiene un techo de prioridad mayor o igual que la prioridad de d (las tareas de menos prioridad sólo pueden bloquear a d si acceden a estos recursos).

El resto de tiempos de bloqueo son los siguientes:

$$B_a = max\{C_{b,r_1}\} = max\{2\} = 2$$

$$B_b = max\{0\} = 0$$

$$B_c = max\{C_{a,r_1}, C_{b,r_1}, C_{d,r_1}\} = max\{3, 3, 2\} = 3$$

Finalmente, para determinar si **el sistema es planificable o no** es necesario calcular el tiempo de respuesta de todas las tareas, haciendo uso de la ecuación 5.11 (considerando no sólo el tiempo de bloqueo B_i sino también el de interferencia I_i) e iterando según la ecuación 5.10. Para cada tarea p_i, habrá que comprobar si su tiempo de respuesta R_i es menor o igual a su *deadline* D_i. Así,

$$R_c = C_c + B_c + I_c = 5 + 3 + 0 = 8$$

debido a que p_c es la tarea de mayor prioridad y, por lo tanto, no recibe interferencias de otras tareas. Note que $R_c \leq D_c$ ($8 \leq 20$).

$$R_d = C_d + B_d + I_d$$

$$w_d^0 = C_d + B_d + C_c = 12 + 3 + 5 = 20$$

$$w_d^1 = C_d + B_d + \lceil \frac{w_d^0}{T_c} \rceil * C_c = 12 + 3 + \lceil \frac{20}{100} \rceil * 5 = 12 + 3 + 5 = 20$$

Debido a que $w_d^0 = w_d^1$, entonces $R_d = w_d^1 = 20$. Note que $R_d \leq D_d$ ($20 \leq 20$).

$$R_a = C_a + B_a + I_a$$

$$w_a^0 = C_a + B_a + C_d + C_c = 20 + 2 + 12 + 5 = 39$$

$$w_a^1 = C_a + B_a + \lceil \frac{w_a^0}{T_d} \rceil * C_d + \lceil \frac{w_a^0}{T_c} \rceil * C_c =$$
$$12 + 3 + \lceil \frac{39}{50} \rceil * 12 + \lceil \frac{39}{100} \rceil * 5 = 20 + 2 + 12 + 5 = 39$$

Debido a que $w_a^0 = w_a^1$, entonces $R_a = w_a^1 = 39$. Note que $R_a \leq D_a$ ($39 \leq 100$).
Finalmente,

$$R_b = C_b + B_b + I_b$$

$$w_b^0 = C_b + B_b + C_d + C_c + C_a = 20 + 0 + 20 + 12 + 5 = 57$$

$$w_b^1 = C_b + B_b + \lceil \frac{w_b^0}{T_d} \rceil * C_d + \lceil \frac{w_b^0}{T_c} \rceil * C_c + \lceil \frac{w_b^0}{T_a} \rceil * C_a =$$
$$20 + 0 + \lceil \frac{57}{50} \rceil * 12 + \lceil \frac{57}{100} \rceil * 5 + \lceil \frac{57}{100} \rceil * 20 =$$
$$20 + 0 + 24 + 5 + 20 = 69$$

Como $w_b^0 \neq w_b^1$, es necesario seguir iterando.

$$w_b^2 = C_b + B_b + \lceil \frac{w_b^1}{T_d} \rceil * C_d + \lceil \frac{w_b^1}{T_c} \rceil * C_c + \lceil \frac{w_b^1}{T_a} \rceil * C_a =$$

$$20 + 0 + \lceil \frac{69}{50} \rceil * 12 + \lceil \frac{69}{100} \rceil * 5 + \lceil \frac{69}{100} \rceil * 20 =$$

$$20 + 0 + 24 + 5 + 20 = 69$$

Debido a que $w_b^1 = w_b^2$, entonces $R_b = w_a^2 = 69$. Note que $R_b \leq D_b$ ($69 \leq 200$).

Una vez obtenidos todos los tiempos de respuesta de todos los procesos y comparados éstos con los respectivos *deadline*, se puede afirmar que **el sistema crítico es planificable**.

5.4.4. Consideraciones finales

El modelo simple de tareas discutido en este capítulo se puede extender aún más considerando **otros aspectos** con el objetivo de llevar a cabo un análisis más exhaustivo del tiempo de respuesta. Por ejemplo, sería posible considerar aspectos que tienen una cierta influencia en la planificación de un sistema de tiempo real, como por ejemplo el *jitter* o variabilidad temporal en el envío de señales digitales, los cambios de contexto, el tiempo empleado por el planificador para decidir cuál será el siguiente proceso o tarea a ejecutar, las interrupciones, etc.

Por otra parte, en el ámbito de los **sistemas de tiempo real no críticos** se pueden utilizar otras alternativas de planificación menos pesimistas y más flexibles, basadas en una variación más dinámica de las prioridades de los procesos y considerando especialmente la productividad del sistema.

En [3] se contemplan algunas de estas consideraciones y se realiza un análisis más exhaustivo de ciertos aspectos discutidos en el presente capítulo.

El puente de un solo carril

A.1. Enunciado

Suponga un puente que tiene una carretera con un único carril por el que los coches pueden circular en un sentido o en otro. La anchura del carril hace imposible que dos coches puedan pasar de manera simultánea por el puente. El protocolo utilizado para atravesar el puente es el siguiente:

- Si no hay ningún coche circulando por el puente, entonces el primer coche en llegar cruzará el puente.

- Si un coche está atravesando el puente de norte a sur, entonces los coches que estén en el extremo norte del puente tendrán prioridad sobre los que vayan a cruzarlo desde el extremo sur.

- Del mismo modo, si un coche se encuentra cruzando de sur a norte, entonces los coches del extremo sur tendrán prioridad sobre los del norte.

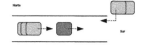

Figura A.1: Esquema gráfico del problema del puente de un solo carril.

A.2. Código fuente

Listado A.1: Makefile para la compilación automática

```
1  DIROBJ := obj/
2  DIREXE := exec/
3  DIRHEA := include/
4  DIRSRC := src/
5
6  CFLAGS := -I$(DIRHEA) -c -Wall
7  LDLIBS := -lpthread -lrt
8  CC := gcc
9
10 all : dirs manager coche
11
12 dirs:
13     mkdir -p $(DIROBJ) $(DIREXE)
14
15 manager: $(DIROBJ)manager.o $(DIROBJ)semaforoI.o $(DIROBJ)memoriaI.o
16     $(CC) -o $(DIREXE)$@ $^ $(LDLIBS)
17
18 coche: $(DIROBJ)coche.o $(DIROBJ)semaforoI.o $(DIROBJ)memoriaI.o
19     $(CC) -o $(DIREXE)$@ $^ $(LDLIBS)
20
21 $(DIROBJ)%.o: $(DIRSRC)%.c
22     $(CC) $(CFLAGS) $^ -o $@
23
24 clean :
25     rm -rf *~ core $(DIROBJ) $(DIREXE) $(DIRHEA)*~ $(DIRSRC)*~
```

Listado A.2: Archivo semaforoI.h

```
1  #ifndef __SEMAFOROI_H__
2  #define __SEMAFOROI_H__
3  #include <semaphore.h>
4  // Crea un semáforo POSIX.
5  sem_t *crear_sem (const char *name, unsigned int valor);
6  // Obtiene un semáforo POSIX (ya existente).
7  sem_t *get_sem (const char *name);
8  // Cierra un semáforo POSIX.
9  void destruir_sem (const char *name);
10 // Incrementa el semáforo.
11 void signal_sem (sem_t *sem);
12 // Decrementa el semáforo.
13 void wait_sem (sem_t *sem);
14 #endif
```

```c
1  #include <stdio.h>
2  #include <errno.h>
3  #include <stdlib.h>
4  #include <unistd.h>
5  #include <fcntl.h>
6  #include <semaforoI.h>
7
8  sem_t *crear_sem (const char *name, unsigned int valor) {
9    sem_t *sem;
10   sem = sem_open(name, O_CREAT, 0644, valor);
11   if (sem == SEM_FAILED) {
12     fprintf(stderr, "Error al crear el sem.: %s\n", strerror(errno));
13     exit(1);
14   }
15   return sem;
16 }
17
18 sem_t *get_sem (const char *name) {
19   sem_t *sem;
20   sem = sem_open(name, O_RDWR);
21   if (sem == SEM_FAILED) {
22     fprintf(stderr, "Error al obtener el sem.: %s\n", strerror(errno));
23     exit(1);
24   }
25   return sem;
26 }
27
28 void destruir_sem (const char *name) {
29   sem_t *sem = get_sem(name);
30   // Se cierra el sem.
31   if ((sem_close(sem)) == -1) {
32     fprintf(stderr, "Error al cerrar el sem.: %s\n", strerror(errno));
33     exit(1);
34   }
35   // Se elimina el sem.
36   if ((sem_unlink(name)) == -1) {
37     fprintf(stderr, "Error al destruir el sem.: %s\n", strerror(errno));
38     exit(1);
39   }
40 }
41
42 void signal_sem (sem_t *sem) {
43   if ((sem_post(sem)) == -1) {
44     fprintf(stderr, "Error al modificar el sem.: %s\n", strerror(errno));
45     exit(1);
46   }
47 }
48
49 void wait_sem (sem_t *sem) {
50   if ((sem_wait(sem)) == -1) {
51     fprintf(stderr, "Error al modificar el sem.: %s\n", strerror(errno));
52     exit(1);
53   }
54 }
```

Listado A.4: Archivo memorialI.h

```
1  #ifndef __VARIABLEI_H__
2  #define __VARIABLEI_H__
3  // Crea un objeto de memoria compartida y devuelve el descriptor de archivo.
4  int crear_var (const char *name, int valor);
5  // Obtiene el descriptor asociado a la variable.
6  int obtener_var (const char *name);
7  // Destruye el objeto de memoria compartida.
8  void destruir_var (const char *name);
9  // Modifica el valor del objeto de memoria compartida.
10 void modificar_var (int shm_fd, int valor);
11 // Devuelve el valor del objeto de memoria compartida.
12 void consultar_var (int shm_fd, int *valor);
13 #endif
```

Listado A.5: Archivo memorialI.c (1 de 3)

```
1  #include <errno.h>
2  #include <fcntl.h>
3  #include <stdio.h>
4  #include <stdlib.h>
5  #include <string.h>
6  #include <sys/mman.h>
7  #include <sys/stat.h>
8  #include <sys/types.h>
9  #include <unistd.h>
10 #include <memorialI.h>
11
12 int crear_var (const char *name, int valor) {
13   int shm_fd, *p;
14
15   // Abre el objeto de memoria compartida.
16   shm_fd = shm_open(name, O_CREAT | O_RDWR, 0666);
17   if (shm_fd == -1) {
18     fprintf(stderr, "Error al crear la variable: %s\n", strerror(errno));
19     exit(1);
20   }
21
22   // Establecer el tamaño.
23   if (ftruncate(shm_fd, sizeof(int)) == -1) {
24     fprintf(stderr, "Error al truncar la variable: %s\n", strerror(errno));
25     exit(1);
26   }
27
28   // Mapeo del objeto de memoria compartida.
29   p = mmap(NULL, sizeof(int), PROT_READ | PROT_WRITE, MAP_SHARED, shm_fd, 0);
30   if (p == MAP_FAILED) {
31     fprintf(stderr, "Error al mapear la variable: %s\n", strerror(errno));
32     exit(1);
33   }
34
35   *p = valor;
36   munmap(p, sizeof(int));
37
38   return shm_fd;
39 }
```

```
1   /* includes previos... */
2
3   #include <memoriaI.h>
4
5   int obtener_var (const char *name) {
6     int shm_fd;
7
8     // Abre el objeto de memoria compartida.
9     shm_fd = shm_open(name, O_RDWR, 0666);
10    if (shm_fd == -1) {
11      fprintf(stderr, "Error al obtener la variable: %s\n", strerror(errno));
12      exit(1);
13    }
14
15    return shm_fd;
16  }
17
18  void destruir_var (const char *name) {
19    int shm_fd = obtener_var(name);
20
21    if (close(shm_fd) == -1) {
22      fprintf(stderr, "Error al destruir la variable: %s\n", strerror(errno));
23      exit(1);
24    }
25
26    if (shm_unlink(name) == -1) {
27      fprintf(stderr, "Error al destruir la variable: %s\n", strerror(errno));
28      exit(1);
29    }
30  }
31
32  void modificar_var (int shm_fd, int valor) {
33    int *p;
34
35    // Mapeo del objeto de memoria compartida.
36    p = mmap(NULL, sizeof(int), PROT_READ | PROT_WRITE,
37        MAP_SHARED, shm_fd, 0);
38    if (p == MAP_FAILED) {
39      fprintf(stderr, "Error al mapear la variable: %s\n", strerror(errno));
40      exit(1);
41    }
42
43    *p = valor;
44
45    munmap(p, sizeof(int));
46  }
```

```
1  /* includes previos... */
2
3  #include <memoriaI.h>
4
5  void consultar_var (int shm_fd, int *valor) {
6    int *p, valor;
7
8    // Mapeo del objeto de memoria compartida.
9    p = mmap(NULL, sizeof(int), PROT_READ | PROT_WRITE,
10       MAP_SHARED, shm_fd, 0);
11   if (p == MAP_FAILED) {
12     fprintf(stderr, "Error al mapear la variable: %s\n", strerror(errno));
13     exit(1);
14   }
15
16   *valor = *p;
17
18   munmap(p, sizeof(int));
19 }
```

Listado A.8: Proceso manager

```
1  /* includes previos... */
2  #include <memoriaI.h>
3  #include <semaforoI.h>
4
5  #define COCHES 30        #define MAX_T_LANZAR 3  #define PUENTE "puente"
6  #define MUTEXN "mutexn" #define MUTEXS "mutexs" #define COCHESNORTE "cn" #define COCHESSUR "cs"
7
8  pid_t pids[COCHES];
9  void liberarecursos (); void finalizarprocesos (); void controlador (int senhal);
10
11 int main (int argc, char *argv[]) {
12   pid_t pid_hijo; int i;
13
14   srand((int)getpid());
15   // Creación de semáforos y segmentos de memoria compartida.
16   crear_sem(PUENTE, 1); crear_sem(MUTEXN, 1); crear_sem(MUTEXS, 1);
17   crear_var(COCHESNORTE, 0); crear_var(COCHESSUR, 0);
18
19   if (signal(SIGINT, controlador) == SIG_ERR) {
20     fprintf(stderr, "Abrupt termination.\n"); exit(EXIT_FAILURE);
21   }
22
23   for (i = 0; i < COCHES; i++) {   // Se lanzan los coches...
24     switch (pid_hijo = fork()) {
25     case 0:
26       if ((i % 2) == 0) execl("./exec/coche", "coche", "N", PUENTE, MUTEXN, COCHESNORTE, NULL);
27       else              execl("./exec/coche", "coche", "S", PUENTE, MUTEXS, COCHESSUR, NULL);
28       break;
29     }
30     sleep(rand() % MAX_T_LANZAR);
31   }
32
33   for (i = 0; i < COCHES; i++) waitpid(pids[i], 0, 0);
34   liberarecursos(); return EXIT_SUCCESS;
35 }
36
37 void liberarecursos () {
38   destruir_sem(PUENTE); destruir_sem(MUTEXN); destruir_sem(MUTEXS);
39   destruir_var(COCHESNORTE); destruir_var(COCHESSUR);
40 }
41
42 void finalizarprocesos () {
43   int i; printf ("\n--- Finalizando procesos --- \n");
44   for (i = 0; i < COCHES; i++)
45     if (pids[i]) {
46       printf ("Finalizando proceso [%d]... ", pids[i]);
47       kill(pids[i], SIGINT); printf ("<Ok>\n");
48     }
49 }
50
51 void controlador (int senhal) {
52   finalizarprocesos(); liberarecursos();
53   printf ("\nFin del programa (Ctrol + C)\n"); exit(EXIT_SUCCESS);
54 }
```

Listado A.9: Proceso coche

```
 1  /* includes previos... */
 2  #include <memoriaI.h>
 3  #include <semaforoI.h>
 4
 5  #define MAX_TIME_CRUZAR 5
 6
 7  void coche (); void cruzar ();
 8
 9  int main (int argc, char *argv[]) {
10    coche(argv[1], argv[2], argv[3], argv[4]);
11    return 0;
12  }
13
14  /* salida permite identificar el origen del coche (N o S) */
15  void coche (char *salida, char *id_puente, char *id_mutex, char *id_num_coches) {
16    int num_coches_handle, valor;
17    sem_t *puente, *mutex;
18
19    srand((int)getpid());
20
21    puente = get_sem(id_puente);
22    mutex = get_sem(id_mutex);
23    num_coches_handle = obtener_var(id_num_coches);
24
25    /* Acceso a la variable compartida 'num coches' */
26    wait_sem(mutex);
27
28    consultar_var(num_coches_handle, &valor);
29    modificar_var(num_coches_handle, ++valor);
30    /* Primer coche que intenta cruzar desde su extremo */
31    if (valor == 1) {
32      wait_sem(puente); /* Espera el acceso al puente */
33    }
34
35    signal_sem(mutex);
36
37    cruzar(salida); /* Tardará un tiempo aleatorio */
38
39    wait_sem(mutex);
40
41    consultar_var(num_coches_handle, &valor);
42    modificar_var(num_coches_handle, --valor);
43    /* Ultimo coche en cruzar desde su extremo */
44    if (valor == 0) {
45      signal_sem(puente); /* Libera el puente */
46    }
47
48    signal_sem(mutex);
49  }
50
51  void cruzar (char *salida) {
52    if (strcmp(salida, "N") == 0) printf("%d cruzando de N a S...\n", getpid());
53    else                         printf("%d cruzando de S a N...\n", getpid());
54
55    sleep(rand() % MAX_TIME_CRUZAR + 1);
56  }
```

B

Anexo

Filósofos comensales

B.1. Enunciado

Los filósofos se encuentran comiendo o pensando. Todos comparten una mesa redonda con cinco sillas, una para cada filósofo. En el centro de la mesa hay una fuente de arroz y en la mesa sólo hay cinco palillos, de manera que cada filósofo tiene un palillo a su izquierda y otro a su derecha.

Cuando un filósofo piensa, entonces se abstrae del mundo y no se relaciona con ningún otro filósofo. Cuando tiene hambre, entonces intenta acceder a los palillos que tiene a su izquierda y a su derecha (necesita ambos). Naturalmente, un filósofo no puede quitarle un palillo a otro filósofo y sólo puede comer cuando ha cogido los dos palillos. Cuando un filósofo termina de comer, deja los palillos y se pone a pensar.

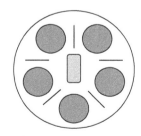

Figura B.1: Esquema gráfico del problema original de los filósofos comensales (*dining philosophers*).

B.2.   Código fuente

Listado B.1: Makefile para la compilación automática

```
1  DIROBJ := obj/
2  DIREXE := exec/
3  DIRSRC := src/
4
5  CFLAGS := -c -Wall
6  LDLIBS := -lrt
7  CC := gcc
8
9  all : dirs manager filosofo
10
11 dirs:
12     mkdir -p $(DIROBJ) $(DIREXE)
13
14 manager: $(DIROBJ)manager.o
15     $(CC) -o $(DIREXE)$@ $^ $(LDLIBS)
16
17 filosofo: $(DIROBJ)filosofo.o
18     $(CC) -o $(DIREXE)$@ $^ $(LDLIBS)
19
20 $(DIROBJ)%.o: $(DIRSRC)%.c
21     $(CC) $(CFLAGS) $^ -o $@
22
23 clean :
24     rm -rf *~ core $(DIROBJ) $(DIREXE) $(DIRSRC)*~
```

```c
1   #include <mqueue.h>
2   #include <signal.h>
3   #include <stdio.h>
4   #include <stdlib.h>
5   #include <string.h>
6   #include <sys/stat.h>
7   #include <sys/types.h>
8   #include <unistd.h>
9   #include <wait.h>
10
11  #define BUZON_MESA     "/buzon_mesa"
12  #define BUZON_PALILLO "/buzon_palillo_" /* Offset! */
13  #define FILOSOFOS 5
14
15  pid_t pids[FILOSOFOS];
16  mqd_t qHandlerMesa;
17  mqd_t qHandlerPalillos[FILOSOFOS];
18
19  void controlador (int senhal);
20  void liberarecursos ();
21  void finalizarprocesos ();
22
23  int main (int argc, char *argv[]) {
24    int i;
25    struct mq_attr mqAttr;
26    char buffer[64], caux[30], filosofo[1];
27    char buzon_palillo_izq[30], buzon_palillo_der[30];
28
29    // Reseteo del vector de pids.
30    memset (pids, 0, sizeof(pid_t) * (FILOSOFOS));
31
32    // Atributos del buzón mesa.
33    mqAttr.mq_maxmsg = (FILOSOFOS - 1); mqAttr.mq_msgsize = 64;
34
35    // Retrollamada de finalización.
36    if (signal(SIGINT, controlador) == SIG_ERR) {
37      fprintf(stderr, "Abrupt termination.\n");
38      exit(EXIT_FAILURE);
39    }
40
41    // Creación de buzones...
42    qHandlerMesa = mq_open(BUZON_MESA, O_WRONLY| O_CREAT, S_IWUSR | S_IRUSR, &mqAttr);
43    for (i = 0; i < (FILOSOFOS - 1); i++)
44      // Para evitar el interbloqueo...
45      // Sólo 4 filósofos (máximo) intentan acceder a los palillos.
46      mq_send(qHandlerMesa, buffer, sizeof(buffer), 1);
47
48    // Para los buzones de los palillos.
49    mqAttr.mq_maxmsg = 1;
50
51    // Un buzón por palillo...
52    for (i = 0; i < FILOSOFOS; i++) {
53      sprintf(caux, "%s%d", BUZON_PALILLO, i);
54      qHandlerPalillos[i] = mq_open(caux, O_WRONLY | O_CREAT, S_IWUSR | S_IRUSR, &mqAttr);
55      // Palillo inicialmente libre.
56      mq_send(qHandlerPalillos[i], buffer, sizeof(buffer), 0);
57    }
```

```
58
59    // Lanzamiento de procesos filósofo.
60    for (i = 0; i < FILOSOFOS ; i++)
61      if ((pids[i] = fork()) == 0) {
62        sprintf(filosofo, "%d", i);
63        sprintf (buzon_palillo_izq, "%s%d", BUZON_PALILLO, i);
64        sprintf (buzon_palillo_der, "%s%d", BUZON_PALILLO, (i + 1) % FILOSOFOS);
65        execl("./exec/filosofo", "filosofo", filosofo, BUZON_MESA,
66              buzon_palillo_izq, buzon_palillo_der, NULL);
67      }
68
69    for (i = 0; i < FILOSOFOS; i++) waitpid(pids[i], 0, 0);
70    finalizarprocesos(); liberarecursos();
71    printf ("\n Fin del programa\n");
72    return 0;
73  }
74
75  void controlador (int senhal) {
76    finalizarprocesos(); liberarecursos();
77    printf ("\n Fin del programa (Control + C)\n");
78    exit(EXIT_SUCCESS);
79  }
80
81  void liberarecursos () {
82    int i; char caux[30];
83
84    printf ("\n Liberando buzones... \n");
85    mq_close(qHandlerMesa); mq_unlink(BUZON_MESA);
86
87    for (i = 0; i < FILOSOFOS; i++) {
88      sprintf (caux, "%s%d", BUZON_PALILLO, i);
89      mq_close(qHandlerPalillos[i]); mq_unlink(caux);
90    }
91  }
92
93  void finalizarprocesos () {
94    int i;
95    printf ("------------- Terminando ------------ \n");
96    for (i = 0; i < FILOSOFOS; i++) {
97      if (pids[i]) {
98        printf ("Finalizando proceso [%d]... ", pids[i]);
99        kill(pids[i], SIGINT); printf ("<Ok>\n");
100     }
101   }
102 }
```

```
 1  #include <mqueue.h>
 2  #include <signal.h>
 3  #include <stdio.h>
 4  #include <stdlib.h>
 5  #include <unistd.h>
 6
 7  #define MAX_TIME_PENSAR 7
 8  #define MAX_TIME_COMER 5
 9
10  void filosofo (char *filosofo, char *buzon_mesa,
11                   char *buzon_palillo_izq, char *buzon_palillo_der);
12  void controlador (int senhal);
13
14  int main (int argc, char *argv[]) {
15    filosofo(argv[1], argv[2], argv[3], argv[4]);
16    return 0;
17  }
18
19  void filosofo (char *filosofo, char *buzon_mesa,
20                   char *buzon_palillo_izq, char *buzon_palillo_der) {
21    mqd_t qHandlerMesa, qHandlerIzq, qHandlerDer;
22    int n_filosofo;
23    char buffer[64];
24
25    // Retrollamada de finalización.
26    if (signal(SIGINT, controlador) == SIG_ERR) {
27      fprintf(stderr, "Abrupt termination.\n"); exit(EXIT_FAILURE);
28    }
29    n_filosofo = atoi(filosofo);
30
31    // Recupera buzones.
32    qHandlerMesa = mq_open(buzon_mesa, O_RDWR);
33    qHandlerIzq = mq_open(buzon_palillo_izq, O_RDWR);
34    qHandlerDer = mq_open(buzon_palillo_der, O_RDWR);
35
36    srand((int)getpid());
37    while (1) {
38      printf("[Filosofo %d] pensando...\n", n_filosofo);
39      sleep(rand() % MAX_TIME_PENSAR); // Pensar.
40
41      mq_receive(qHandlerMesa, buffer, sizeof(buffer), NULL);
42
43      // Hambriento (coger palillos)...
44      mq_receive(qHandlerIzq, buffer, sizeof(buffer), NULL);
45      mq_receive(qHandlerDer, buffer, sizeof(buffer), NULL);
46      // Comiendo...
47      printf("[Filosofo %d] comiendo...\n", n_filosofo);
48      sleep(rand() % MAX_TIME_COMER); // Comer.
49      // Dejar palillos...
50      mq_send(qHandlerIzq, buffer, sizeof(buffer), 0);
51      mq_send(qHandlerDer, buffer, sizeof(buffer), 0);
52
53      mq_send(qHandlerMesa, buffer, sizeof(buffer), 0);
54    }
55  }
56
57
```

```
58  void controlador (int senhal) {
59    printf("[Filosofo %d] Finalizado (SIGINT)\n", getpid());
60    exit(EXIT_SUCCESS);
61  }
```

La biblioteca de hilos de ICE

C.1. Fundamentos básicos

ICE (*Internet Communication Engine*) [6] es un *middleware* de comunicaciones orientado a objetos, es decir, ICE proporciona herramientas, *APIs*, y soporte de bibliotecas para construir aplicaciones distribuidas cliente-servidor orientadas a objetos.

Una aplicación ICE se puede usar en entornos heterogéneos. Los clientes y los servidores pueden escribirse en diferentes lenguajes de programación, pueden ejecutarse en distintos sistemas operativos y en distintas arquitecturas, y pueden comunicarse empleando diferentes tecnologías de red. La tabla C.1 resume las principales características de ICE.

Los principales **objetivos de diseño** de ICE son los siguientes:

- *Middleware* listo para usarse en sistemas heterogéneos.

- Proveee un conjunto completo de características que soporten el desarrollo de aplicaciones distribuidas reales en un amplio rango de dominios.

- Es fácil de aprender y de usar.

- Proporciona una implementación eficiente en ancho de banda, uso de memoria y CPU.

Figura C.1: ZeroC ICE es un *middleware* de comunicaciones que se basa en la filosofía de CORBA pero con una mayor simplicidad y practicidad.

Nombre	Internet Communications Engine (ICE)
Definido por	ZeroC Inc. (http://www.zeroc.com)
Documentación	http://doc.zeroc.com/display/Doc/Home
Lenguajes	C++, Java, C#, Visual Basic, Python, PHP, Ruby
Plataformas	Windows, Windows CE, Unix, GNU/Linux, *BSD OSX, Symbian OS, J2RE 1.4 o superior, J2ME
Destacado	APIs claras y bien diseñadas Conjunto de servicios muy cohesionados Despliegue, persistencia, cifrado...
Descargas	http://zeroc.com/download.html

Tabla C.1: ZeroC ICE. Resumen de características.

- Implementación basada en la seguridad.

Para instalar ICE en sistemas operativos Debian GNU/Linux, ejecute los siguientes comandos:

```
$ sudo apt-get update
$ sudo apt-get install zeroc-ice36
```

C.2. Manejo de hilos

ICE proporciona distintas utilidades para la gestión de la concurrencia y el manejo de hilos. Respecto a este último aspecto, ICE proporciona una **abstracción** muy sencilla para el manejo de hilos con el objetivo de explotar el paralelismo mediante la creación de hilos dedicados. Por ejemplo, sería posible crear un hilo específico que atienda las peticiones de una interfaz gráfica o crear una serie de hilos encargados de tratar con aquellas operaciones que requieren una gran cantidad de tiempo, ejecutándolas en segundo plano.

En este contexto, ICE proporciona una abstracción de hilo muy sencilla que posibilita el desarrollo de aplicaciones multihilo altamente portables e independientes de la plataforma de hilos nativa. Esta abstracción está representada por la clase **IceUtil::Thread**.

ICE maneja las peticiones a los servidores mediante un *pool* de hilos con el objetivo de incrementar el rendimiento de la aplicación. El desarrollador es el responsable de gestionar el acceso concurrente a los datos.

Como se puede apreciar en el listado de código C.1, *Thread* es una clase abstracta con una función virtual pura denominada **run**(). El desarrollador ha de implementar esta función para poder crear un hilo, de manera que *run()* se convierta en el punto de inicio de la ejecución de dicho hilo. Note que no es posible arrojar excepciones desde esta función. El núcleo de ejecución de ICE instala un manejador de excepciones que llama a la función *::std::terminate()* si se arroja alguna excepción.

```
1  class Thread :virtual public Shared {
2  public:
3
4    // Función a implementar por el desarrollador.
5    virtual void run () = 0;
6
7    ThreadControl start (size_t stBytes = 0);
8    ThreadControl start (size_t stBytes, int priority);
9    ThreadControl getThreadControl () const;
10   bool isAlive () const;
11
12   bool operator== (const Thread&) const;
13   bool operator!= (const Thread&) const;
14   bool operator<  (const Thread&) const;
15  };
16
17  typedef Handle<Thread> ThreadPtr;
```

El resto de funciones de *Thread* son las siguientes:

- **start**(), cuya responsabilidad es arrancar al hilo y llamar a la función *run()*. Es posible especificar el tamaño en *bytes* de la pila del nuevo hilo, así como un valor de prioridad. El valor de retorno de *start()* es un objeto de tipo *ThreadControl*, el cual se discutirá más adelante.

- **getThreadControl**(), que devuelve el objeto de la clase *ThreadControl* asociado al hilo.

- **id**(), que devuelve el identificador único asociado al hilo. Este valor dependerá del soporte de hilos nativo (por ejemplo, POSIX *pthreads*).

- **isAlive**(), que permite conocer si un hilo está en ejecución, es decir, si ya se llamó a *start()* y la función *run()* no terminó de ejecutarse.

- La **sobrecarga de los operadores** de comparación permiten hacer uso de hilos en contenedores de STL que mantienen relaciones de orden.

Para mostrar cómo llevar a cabo la implementación de un hilo específico a partir de la biblioteca de ICE se usará como ejemplo uno de los problemas clásicos de sincronización: el problema de los **filósofos comensales**, discutido en la sección 2.3.3.

Básicamente, los filósofos se encuentran comiendo o pensando. Todos comparten una mesa redonda con cinco sillas, una para cada filósofo. Cada filósofo tiene un plato individual con arroz y en la mesa sólo hay cinco palillos, de manera que cada filósofo tiene un palillo a su izquierda y otro a su derecha.

Figura C.2: Abstracción gráfica del problema de los filósofos comensales, donde cinco filósofos piensan y comparten cinco palillos para comer.

Cuando un filósofo piensa, entonces se abstrae del mundo y no se relaciona con ningún otro filósofo. Cuando tiene hambre, entonces intenta coger a los palillos que tiene a su izquierda y a su derecha (necesita ambos). Naturalmente, un filósofo no puede quitarle un palillo a otro filósofo y sólo puede comer cuando ha cogido los dos palillos. Cuando un filósofo termina de comer, deja los palillos y se pone a pensar.

La solución que se discutirá en esta sección se basa en implementar el filósofo como un hilo independiente. Para ello, se crea la clase *FilosofoThread* que se expone en el listado C.2.

Listado C.2: La clase FilosofoThread

```
1   #ifndef __FILOSOFO__
2   #define __FILOSOFO__
3
4   #include <iostream>
5   #include <IceUtil/Thread.h>
6   #include <Palillo.h>
7
8   #define MAX_COMER 3
9   #define MAX_PENSAR 7
10
11  using namespace std;
12
13  class FilosofoThread : public IceUtil::Thread {
14
15    public:
16      FilosofoThread (const int& id, Palillo* izq, Palillo *der);
17
18      virtual void run ();
19
20    private:
21      void coger_palillos ();
22      void dejar_palillos ();
23      void comer () const;
24      void pensar () const;
25
26      int _id;
27      Palillo *_pIzq, *_pDer;
28  };
29
30  #endif
```

La implementación de la función *run()* es trivial a partir de la descripción del enunciado del problema.

El problema de los filósofos comensales es uno de los problemas clásicos de sincronización y existen muchas modificaciones del mismo que permiten asimilar mejor los conceptos teóricos de la programación concurrente.

Listado C.3: La función FilosofoThread::run()

```
1  #ifndef __FILOSOFO__
2  #define __FILOSOFO__
3
4  #include <iostream>
5  #include <IceUtil/Thread.h>
6  #include <Palillo.h>
7
8  #define MAX_COMER 3
9  #define MAX_PENSAR 7
10
11 using namespace std;
12
13 class FilosofoThread : public IceUtil::Thread {
14
15  public:
16    FilosofoThread (const int& id, Palillo* izq, Palillo *der);
17
18    virtual void run ();
19
20  private:
21    void coger_palillos ();
22    void dejar_palillos ();
23    void comer () const;
24    void pensar () const;
25
26    int _id;
27    Palillo *_pIzq, *_pDer;
28 };
29
30 #endif
```

El problema de concurrencia viene determinado por el acceso de los filósofos a los palillos, los cuales representan la sección crítica asociada a cada uno de los hilos que implementan la vida de un filósofo. En otras palabras, es necesario establecer algún tipo de mecanismo de sincronización para garantizar que dos filósofos no cogen un mismo palillo de manera simultánea. Antes de abordar esta problemática, se mostrará cómo lanzar los hilos que representan a los cinco filósofos.

El listado C.4 muestra el código básico necesario para lanzar los filósofos (hilos). Note cómo en la línea (23) se llama a la función *run()* de *Thread* para comenzar la ejecución del mismo. Los objetos de tipo *ThreadControl* devueltos se almacenan en un vector para, posteriormente, *unir* los hilos creados. Para ello, se hace uso de la función *join()* de la clase *ThreadControl*, tal y como se muestra en la línea (29).

Listado C.4: Creación y control de hilos con ICE

```
1   #include <IceUtil/Thread.h>
2   #include <vector>
3   #include <Palillo.h>
4   #include <Filosofo.h>
5
6   #define NUM 5
7
8   int main (int argc, char *argv[]) {
9     std::vector<Palillo*> palillos;
10    std::vector<IceUtil::ThreadControl> threads;
11    int i;
12
13    // Se instancian los palillos.
14    for (i = 0; i < NUM; i++)
15      palillos.push_back(new Palillo);
16
17    // Se instancian los filósofos.
18    for (i = 0; i < NUM; i++) {
19      // Cada filósofo conoce los palillos
20      // que tiene a su izda y derecha.
21      IceUtil::ThreadPtr t =
22        new FilosofoThread(i, palillos[i], palillos[(i + 1) % NUM]);
23      // start sobre hilo devuelve un objeto ThreadControl.
24      threads.push_back(t->start());
25    }
26
27    // 'Unión' de los hilos creados.
28    std::vector<IceUtil::ThreadControl>::iterator it;
29    for (it = threads.begin(); it != threads.end(); ++it) it->join();
30
31    return 0;
32  }
```

C.3.   Exclusión mutua básica

El problema de los filósofos plantea la necesidad de algún tipo de mecanismo de sincronización básico para garantizar el acceso exclusivo sobre cada uno de los palillos. La opción más directa consiste en asociar un **cerrojo** a cada uno de los palillos de manera individual. Así, si un filósofo intenta coger un palillo que está libre, entonces lo cogerá adquiriendo el cerrojo, es decir, *cerrándolo*. Si el palillo está ocupado, entonces el filósofo esperará hasta que esté libre.

 Típicamente, las operaciones para adquirir y liberar un cerrojo se denominan *lock()* y *unlock()*, respectivamente. La metáfora de cerrojo representa perfectamente la adquisición y liberación de recursos compartidos.

ICE proporciona la clase **Mutex** para modelar esta problemática de una forma sencilla y directa.

```
Listado C.5: La clase IceUtil::Mutex
1  class Mutex {
2  public:
3    Mutex ();
4    Mutex (MutexProtocol p);
5    ~Mutex ();
6
7    void lock   () const;
8    bool tryLock () const;
9    void unlock  () const;
10
11   typedef LockT<Mutex> Lock;
12   typedef TryLockT<Mutex> TryLock;
13 };
```

Las funciones miembro más importantes de esta clase son las que permiten adquirir y liberar el cerrojo:

- **lock()**, que intenta adquirir el cerrojo. Si éste ya estaba cerrado, entonces el hilo que invocó a la función se suspende hasta que el cerrojo quede libre. La llamada a dicha función retorna cuando el hilo ha adquirido el cerrojo.

- **tryLock()**, que intenta adquirir el cerrojo. A diferencia de *lock()*, si el cerrojo está cerrado, la función devuelve *false*. En caso contrario, devuelve *true* con el cerrojo cerrado.

- **unlock()**, que libera el cerrojo.

Es importante considerar que la clase *Mutex* proporciona un mecanismo de exclusión mutua básico y no recursivo, es decir, no se debe llamar a *lock()* más de una vez desde un hilo, ya que esto provocará un comportamiento inesperado. Del mismo modo, no se debería llamar a *unlock()* a menos que un hilo haya adquirido previamente el cerrojo mediante *lock()*. En la siguiente sección se estudiará otro mecanismo de sincronización que mantiene una semántica recursiva.

La clase *Mutex* se puede utilizar para gestionar el acceso concurrente a los palillos. En la solución planteada en el listado C.6, un palillo es simplemente una especialización de *IceUtil::Mutex* con el objetivo de incrementar la semántica de dicha solución.

```
Listado C.6: La clase Palillo
1  #ifndef __PALILLO__
2  #define __PALILLO__
3
4  #include <IceUtil/Mutex.h>
5
6  class Palillo : public IceUtil::Mutex {
7  };
8
9  #endif
```

Para que los filósofos puedan utilizar los palillos, habrá que utilizar la funcionalidad previamente discutida, es decir, las funciones *lock()* y *unlock()*, en las funciones *coger_palillos()* y *dejar_palillos()*. La solución planteada garantiza que no se ejecutarán dos llamadas a *lock()* sobre un palillo por parte de un mismo hilo, ni tampoco una llamada sobre *unlock()* si previamente no se adquirió el palillo.

Listado C.7: Acceso concurrente a los palillos

```
1  void
2  FilosofoThread::coger_palillos ()
3  {
4      _pIzq->lock();
5      _pDer->lock();
6  }
7
8  void
9  FilosofoThread::dejar_palillos ()
10 {
11     _pIzq->unlock();
12     _pDer->unlock();
13 }
```

La solución planteada es poco flexible debido a que los filósofos están inactivos durante el periodo de tiempo que pasa desde que dejan de pensar hasta que cogen los dos palillos. Una posible variación a la solución planteada hubiera sido continuar pensando (al menos hasta un número máximo de ocasiones) si los palillos están ocupados. En esta variación se podría utilizar la función *tryLock()* para modelar dicha problemática.

 Si todos los filósofos cogen al mismo tiempo el palillo que está a su izquierda se producirá un interbloqueo ya que la solución planteada no podría avanzar hasta que un filósofo coja ambos palillos.

C.3.1. Evitando interbloqueos

El uso de las funciones *lock()* y *unlock()* puede generar problemas importantes si, por alguna situación no controlada, un cerrojo previamente adquirido con *lock()* no se libera posteriormente con una llamada a *unlock()*. El listado de código C.8 muestra esta problemática.

En la línea [8], la sentencia *return* implica abandonar *mi_funcion()* sin haber liberado el cerrojo previamente adquirido en la línea [6]. En este contexto, es bastante probable que se genere una potencial situación de interbloqueo que paralizaría la ejecución del programa. La generación de excepciones no controladas representa otro caso representativo de esta problemática.

Listado C.8: Potencial interbloqueo

```
 1  #include <IceUtil/Mutex.h>
 2
 3  class Test {
 4  public:
 5    void mi_funcion () {
 6      _mutex.lock();
 7      for (int i = 0; i < 5; i++)
 8        if (i == 3) return; // Generará un problema...
 9      _mutex.unlock();
10    }
11
12  private:
13    IceUtil::Mutex _mutex;
14  };
15
16  int main (int argc, char *argv[]) {
17    Test t;
18    t.mi_funcion();
19    return 0;
20  }
```

 Aunque existen diversos esquemas para evitar y recuperarse de un interbloqueo, los sistemas operativos modernos suelen optar por asumir que nunca se producirán, delegando en el programador la implementación de soluciones seguras.

Para evitar este tipo de problemas, la clase *Mutex* proporciona las definiciones de tipo *Lock* y *TryLock*, que representan plantillas muy sencillas compuestas de un constructor en el que se llama a *lock()* y *tryLock()*, respectivamente. En el destructor se llama a *unlock()* si el cerrojo fue previamente adquirido cuando la plantilla quede fuera de ámbito. En el ejemplo anterior, sería posible garantizar la liberación del cerrojo al ejecutar *return*, ya que quedaría fuera del alcance de la función. El listado de código C.9 muestra la modificación realizada para evitar interbloqueos.

Listado C.9: Evitando interbloqueos con Lock

```
 1  #include <IceUtil/Mutex.h>
 2
 3  class Test {
 4  public:
 5    void mi_funcion () {
 6      IceUtil::Mutex::Lock lock(_mutex);
 7      for (int i = 0; i < 5; i++)
 8        if (i == 3) return; // Ningún problema...
 9    } // El destructor de lock libera el cerrojo.
10
11  private:
12    IceUtil::Mutex _mutex;
13  };
```

Es recomendable usar siempre *Lock* y *TryLock* en lugar de las funciones *lock()* y *unlock* para facilitar el entendimiento y la mantenibilidad del código.

 No olvide liberar un cerrojo sólo si fue previamente adquirido y llamar a *unlock()* tantas veces como a *lock()* para que el cerrojo quede disponible para otro hilo.

C.3.2. Flexibilizando el concepto de *mutex*

Además de proporcionar cerrojos con una semántica no recursiva, ICE también proporciona la clase *IceUtil::RecMutex* con el objetivo de que el desarrollador pueda manejar cerrojos *recursivos*. La interfaz de esta nueva clase es exactamente igual que la clase *IceUtil::Mutex*.

Listado C.10: La clase IceUtil::RecMutex

```
1  class RecMutex {
2   public:
3    RecMutex ();
4    RecMutex (MutexProtocol p);
5    ~RecMutex ();
6
7    void lock     () const;
8    bool tryLock () const;
9    void unlock  () const;
10
11    typedef LockT<RecMutex> Lock;
12    typedef TryLockT<RecMutex> TryLock;
13 };
```

Sin embargo, existe una diferencia fundamental entre ambas. Internamente, el cerrojo recursivo está implementado con un contador inicializado a cero. Cada llamada a *lock()* incrementa el contador, mientras que cada llamada a *unlock()* lo decrementa. El cerrojo estará disponible para otro hilo cuando el contador alcance el valor de cero.

C.4. Introduciendo monitores

Tanto la clase *Mutex* como la clase *MutexRec* son mecanismos de sincronización básicos que permiten que sólo un hilo esté activo, en un instante de tiempo, dentro de la sección crítica. En otras palabras, para que un hilo pueda acceder a la sección crítica, otro ha de abandonarla. Esto implica que, cuando se usan cerrojos, no resulta posible suspender un hilo dentro de la sección crítica para, posteriormente, despertarlo cuando se cumpla una determinada condición.

Las soluciones de alto nivel permiten que el desarrollador tenga más flexibilidad a la hora de solucionar un problema. Este planteamiento se aplica perfectamente al uso de monitores.

Para tratar este tipo de problemas, la biblioteca de hilos de ICE proporciona la **clase Monitor**. En esencia, un monitor es un mecanismo de sincronización de más alto nivel que, al igual que un cerrojo, protege la sección crítica y garantiza que solamente pueda existir un hilo activo dentro de la misma. Sin embargo, un monitor permite suspender un hilo dentro de la sección crítica posibilitando que otro hilo pueda acceder a la misma. Este segundo hilo puede abandonar el monitor, liberándolo, o suspenderse dentro del monitor. De cualquier modo, el hilo original se despierta y continua su ejecución dentro del monitor. Este esquema es escalable a múltiples hilos, es decir, varios hilos pueden suspenderse dentro de un monitor.

Desde un punto de vista general, los monitores proporcionan un mecanismo de sincronización más flexible que los cerrojos, ya que es posible que un hilo compruebe una condición y, si ésta es falsa, el hijo se pause. Si otro hilo cambia dicha condición, entonces el hilo original continúa su ejecución.

El listado de código C.11 muestra la declaración de la clase **IceUtil::Monitor**. Note que se trata de una clase que hace uso de plantillas y requiere como parámetro bien *Mutex* o *RecMutex*, en función de si el monitor mantendrá una semántica no recursiva o recursiva.

Listado C.11: La clase IceUtil::Monitor

```
 1  template <class T>
 2  class Monitor {
 3   public:
 4    void lock    () const;
 5    void unlock  () const;
 6    bool tryLock () const;
 7
 8    void wait () const;
 9    bool timedWait (const Time&) const;
10    void notify ();
11    void notifyAll ();
12
13    typedef LockT<Monitor<T> > Lock;
14    typedef TryLockT<Monitor<T> > TryLock;
15  };
```

Las funciones miembro de esta clase son las siguientes:

- **lock()**, que intenta adquirir el monitor. Si éste ya estaba cerrado, entonces el hilo que la invoca se suspende hasta que el monitor quede disponible. La llamada retorna con el monitor cerrado.

- **tryLock()**, que intenta adquirir el monitor. Si está disponible, la llamada devuelve *true* con el monitor cerrado. Si éste ya estaba cerrado antes de relizar la llamada, la función devuelve *false*.

- **unlock()**, que libera el monitor. Si existen hilos bloqueados, entonces uno de ellos se despertará y cerrará de nuevo el monitor.

- **wait()**, que suspende al hilo que invoca a la función y, de manera simultánea, libera el monitor. Un hilo suspendido por *wait()* se puede despertar por otro hilo que invoque a la función *notify()* o *notifyAll()*. Cuando la llamada retorna, el hilo suspendido continúa su ejecución con el monitor cerrado.

- **timedWait()**, que suspende al hilo que invoca a la función hasta un tiempo especificado por parámetro. Si otro hilo invoca a *notify()* o *notifyAll()* despertando al hilo suspendido antes de que el *timeout* expire, la función devuelve *true* y el hilo suspendido resume su ejecución con el monitor cerrado. En otro caso, es decir, si el *timeout* expira, *timedWait()* devuelve *false*.

- **notify()**, que despierta a un único hilo suspendido debido a una invocación sobre *wait()* o *timedWait()*. Si no existiera ningún hilo suspendido, entonces la invocación sobre *notify()* se *pierde*. Llevar a cabo una notificación no implica que otro hilo reanude su ejecución inmediatamente. En realidad, esto ocurriría cuando el hilo que invoca a *wait()* o *timedWait()* o libera el monitor.

- **notifyAll()**, que despierta a todos los hilos suspendidos por *wait()* o *timedWait()*. El resto del comportamiento derivado de invocar a esta función es idéntico a *notify()*.

 No olvide comprobar la condición asociada al uso de *wait* siempre que se retorne de una llamada a la misma.

C.4.1. Ejemplo de uso de monitores

Imagine que desea modelar una situación en un videojuego en la que se controlen los **recursos disponibles** para acometer una determinada tarea. Estos recursos se pueden manipular desde el punto de vista de la generación o producción y desde el punto de vista de la destrucción o consumición. En otras palabras, el problema clásico del productor/-consumidor.

Por ejemplo, imagine un juego de acción de tercera persona en el que el personaje es capaz de **acumular** *slots* para desplegar algún tipo de poder especial. Inicialmente, el personaje tiene los *slots* vacíos pero, conforme el juego evoluciona, dichos *slots* se pueden rellenar atendiendo a varios criterios independientes. Por ejemplo, si el jugador acumula una cantidad determinada de puntos, entonces obtendría un *slot*. Si el personaje principal vence a un enemigo con un alto nivel, entonces obtendría otro *slot*. Por otra parte, el jugador podría hacer uso de estas habilidades especiales cuando así lo considere, siempre y cuando tenga al menos un *slot* relleno.

Este supuesto plantea la problemática de sincronizar el acceso concurrente a dichos *slots*, tanto para su consumo como para su generación. Además, hay que tener en cuenta que sólo será posible consumir un *slot* cuando haya al menos uno disponible. Es decir, la problemática discutida también plantea ciertas restricciones o condiciones que se han de satisfacer para que el jugador pueda lanzar una habilidad especial.

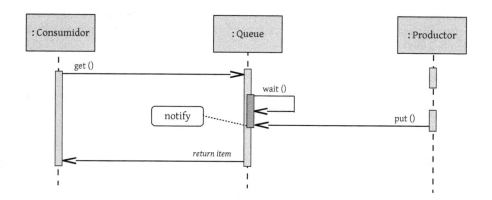

Figura C.3: Representación gráfica del uso de un monitor.

En este contexto, el uso de los monitores proporciona gran **flexibilidad** para modelar una solución a este supuesto. El listado de código C.12 muestra una posible implementación de la estructura de datos que podría dar soporte a la solución planteada, haciendo uso de los monitores de la biblioteca de hilos de ICE.

Listado C.12: Utilizando monitores

```
1  #include <IceUtil/Monitor.h>
2  #include <IceUtil/Mutex.h>
3  #include <deque>
4
5  using namespace std;
6
7  template<class T>
8  class Queue : public IceUtil::Monitor<IceUtil::Mutex> {
9  public:
10   void put (const T& item) { // Añade un nuevo item.
11     IceUtil::Monitor<IceUtil::Mutex>::Lock lock(*this);
12     _queue.push_back(item);
13     notify();
14   }
15   T get () { // Consume un item.
16     IceUtil::Monitor<IceUtil::Mutex>::Lock lock(*this);
17     while (_queue.size() == 0)
18       wait();
19     T item = _queue.front();
20     _queue.pop_front();
21     return item;
22   }
23
24  private:
25   deque<T> _queue; // Cola de doble entrada.
26  };
```

Como se puede apreciar, la clase definida es un tipo particular de monitor sin semántica recursiva, es decir, definido a partir de *IceUtil::Mutex*. Dicha clase tiene como variable miembro una cola de doble entrada que maneja tipos de datos genéricos, ya que la clase definida hace uso de una plantilla. Además, esta clase proporciona las dos operaciones típicas de *put( )* y *get( )* para añadir y obtener elementos.

Hay, sin embargo, dos características importantes a destacar en el **diseño** de esta estructura de datos:

1. El acceso concurrente a la variable miembro de la clase se controla mediante el propio monitor, haciendo uso de la función *lock( )* (líneas 11 y 16).

2. Si la estructura no contiene elementos, entonces el hilo se suspende mediante *wait( )* (líneas 17-18) hasta que otro hilo que ejecute *put( )* realice la invocación sobre *notify( )* (línea 13).

 No olvide... usar *Lock* y *TryLock* para evitar posibles interbloqueos causados por la generación de alguna excepción o una terminación de la función no prevista inicialmente.

Recuerde que para que un hilo bloqueado por *wait( )* reanude su ejecución, otro hilo ha de ejecutar *notify( )* y liberar el monitor mediante *unlock( )*. Sin embargo, en el anterior listado de código no existe ninguna llamada explícita a *unlock( )*. ¿Es incorrecta la solución? La respuesta es no, ya que la liberación del monitor se delega en *Lock* cuando la función *put( )* finaliza, es decir, justo después de ejecutar la operación *notify( )* en este caso particular.

Volviendo al ejemplo anterior, considere dos hilos distintos que interactúan con la estructura creada, de manera genérica, para almacenar los *slots* que permitirán la activación de habilidades especiales por parte del jugador virtual. Por ejemplo, el **hilo asociado al productor** podría implementarse de la siguiente forma:

Suponiendo que el código del consumidor sigue la misma estructura, pero extrayendo elementos de la estructura de datos compartida, entonces sería posible lanzar distintos hilos para comprobar que el acceso concurrente sobre los distintos *slots* se realiza de manera adecuada. Además, sería sencillo visualizar, mediante mensajes por la salida estándar, que efectivamente los hilos consumidores se suspenden en *wait( )* hasta que hay al menos algún elemento en la estructura de datos compartida con los productores.

A continuación, resulta importante volver a discutir la solución planteada inicialmente para el manejo de monitores. En particular, la implementación de las funciones miembro *put( )* y *get( )* puede generar **sobrecarga** debido a que, cada vez que se añade un nuevo elemento a la estructura de datos, se realiza una invocación. Si no existen hilos esperando, la notificación se pierde. Aunque este hecho no conlleva ningún efecto no deseado, puede generar una reducción del rendimiento si el número de notificaciones se dispara.

Listado C.13: Hilo productor de slots

```
1  class Producer : public IceUtil::Thread {
2  public:
3    Producer (Queue<string> *_q):
4      _queue(_q) {}
5
6    void run () {
7      for (int i = 0; i < 5; i++) {
8        IceUtil::ThreadControl::sleep
9        (IceUtil::Time::seconds(rand() % 7));
10         _queue->put("TestSlot");
11     }
12   }
13
14 private:
15   Queue<string> *_queue;
16 };
```

Una posible solución a este problema consiste en llevar un **control explícito** de la existencia de consumidores de información, es decir, de hilos que invoquen a la función *get()*. Para ello, se puede incluir una variable miembro en la clase *Queue*, planteando un esquema mucho más eficiente.

 El uso de alguna estructura de datos adicional puede facilitar el diseño de una solución. Este tipo de planteamientos puede incrementar la eficiencia de la solución planteada aunque haya una mínima sobrecarga.

Como se puede apreciar en el listado C.14, el hilo productor sólo llevará a cabo una notificación en el caso de que haya algún hilo consumidor en espera. Para ello, consulta el valor de la variable miembro *_consumidoresEsperando*. Por otra parte, los hilos consumidores, es decir, los que invoquen a la función *get()* incrementan dicha variable antes de realizar un *wait()*, decrementándola cuando se despierten.

Note que el acceso a la variable miembro *_consumidoresEsperando* es exclusivo y se garantiza gracias a la adquisición del monitor justo al ejecutar la operación de generación o consumo de información por parte de algún hilo.

Listado C.14: Utilizando monitores (II)

```cpp
1  #include <IceUtil/Monitor.h>
2  #include <IceUtil/Mutex.h>
3  #include <deque>
4
5  template<class T>
6  class Queue : public IceUtil::Monitor<IceUtil::Mutex> {
7  public:
8    Queue () : _consumidoresEsperando(0) {}
9
10   void put (const T& item) { // Añade un nuevo item.
11     IceUtil::Monitor<IceUtil::Mutex>::Lock lock(*this);
12     _queue.push_back(item);
13     if (_consumidoresEsperando)
14       notify();
15   }
16
17   T get () { // Consume un item.
18     IceUtil::Monitor<IceUtil::Mutex>::Lock lock(*this);
19     while (_queue.size() == 0) {
20       try {
21     _consumidoresEsperando++;
22     wait();
23     _consumidoresEsperando--;
24       }
25       catch (...) {
26     _consumidoresEsperando--;
27     throw;
28       }
29     }
30     T item = _queue.front();
31     _queue.pop_front();
32     return item;
33   }
34
35 private:
36   std::deque<T> _queue; // Cola de doble entrada.
37   int _consumidoresEsperando;
38 };
```

Bibliografía

[1] G.R. Andrews. *Concurrent programming: principles and practice*. Benjamin/Cummings Publishing Company, 1991.

[2] J.G.P. Barnes and J.G.P. Barnes. *Programming in ADA*. Cambridge Univ Press, 1989.

[3] A. Burns and A. Wellings. *Sistemas de Tiempo Real y Lenguajes de Programación (3ª Edición)*. Addison-Wesley, 2005.

[4] D. Cornhilll, L. Sha, and J.P. Lehoczky. Limitations of ada for real-time scheduling. In *ACM SIGAda Ada Letters*, volume 7, pages 33–39. ACM, 1987.

[5] A.B. Downey. *The Little Book of Semaphores (version 2.1.5)*. Green Tea Press, 2008.

[6] M. Henning. A new approach to object-oriented middleware. *IEEE Internet Computing*, 8(1):66–75, 2004.

[7] C.L. Liu and J.W. Layland. Scheduling algorithms for multiprogramming in a hard-real-time environment. *Journal of the ACM (JACM)*, 20(1):46–61, 1973.

[8] K.A. Robbins and S. Robbins. *Unix Programación Práctica, Guía para la Concurrencia, la Comunicación y los Multihilos*. Prentice Hall, 1997.

[9] M.J. Rochkind. *Advanced Unix Programming (2nd Edition)*. Addison-Wesley, 2004.

[10] H. Schildt. *C++ from the Ground Up (3rd Edition)*. McGraw-Hill Osborne, 2003.

[11] L. Sha, R. Rajkumar, and J.P. Lehoczky. Priority inheritance protocols: An approach to real-time synchronization. *Computers, IEEE Transactions on*, 39(9):1175–1185, 1990.

[12] A. Silberschatz, P.B. Galvin, and G. Gagne. *Fundamentos de Sistemas Operativos (7ª Edición)*. McGraw Hill, 2006.

[13] W. Stallings. *Sistemas Operativos. Aspectos internos y principios de diseño*. Prentice Hall, 2006.

[14] B. Stroustrup. *El lenguaje de programaci'on C++*. Pearson Education, 2001.

[15] A.S. Tanenbaum. *Sistemas Operativos Modernos (3ª Edición)*. Pearson, 2009.

[16] P. Wegner and S.A. Smolka. Processes, tasks, and monitors: a comparative study of concurrent programming primitives. *Software Engineering, IEEE Transactions on*, 9(4):446–462, 1983.

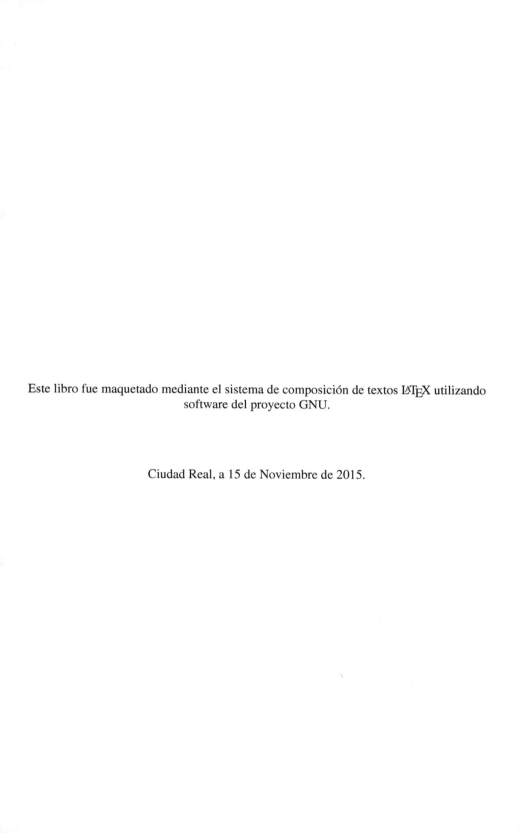

www.ingramcontent.com/pod-product-compliance
Lightning Source LLC
Chambersburg PA
CBHW071150050326
40689CB00011B/2047